s(as) autores(as) ao longo do tempo. (V. cap. *Desenvolvimento Conscienciográfico*).

Autempenho. Atinente à *Continuismologia,* o ideal é a conscin intermissivista aplicar os autesforços e a paciência para superar o antitecnicismo conscienciográfico acrítico, evitando assim as lacunas temporais desnecessárias na produtividade gesconológica. (V. cap. *Continuísmo Conscienciográfico*).

Antiomissão. Diante do exposto, a *Tecnologia Conscienciográfica* extingue as desculpas para o desenvol nto da escrita tarística, elimina as condições atenuantes para o marasmo autoral e torna indefensável a ausência de retribuições intelectuais proexológicas.

Otimização. Consoante a *Comunicologia,* a conscin intermissivista autolúcida busca desenvolver o esmero na conformática grafotarística, visando estabelecer comunicação conscienciográfica mais efetiva e qualificar a cosmoética dos resultados autogesconológicos.

Grafotécnicas. Sob a ótica da *cienciografologia,* eis, em ordem alfabética, 50 técnicas otimizadoras das produções grafotarísticas:

01. ***Técnica da adjetivação tarística:*** modificação qualitativa de determinada pala a ou expressão, com 1 ou mais adjetivos relevantes, evidenciando a essência neoparadigmática da realidade proposta e / ou apreendida[1].

02. ***Técnica da administração da vida intelectual:*** gestão teática da intelectualidade e mentalsomaticidade na existência humana, sob o primado da cosmoética e da *inteligência evolutiva* (IE)[2].

03. ***Técnica da alternância de tarefas* (diversificação das atividades):** aplicação de mudanças nos trabalhos intelectuais em andamento, com o propósito de ampliar a automotivação laboral e incre-

[1] Daou, D.; *Adjetivação Tarística;* verbete.

[2] Vieira, W.; *Administração da Vida Intelectual;* verbete.

mentar o rendimento intelectivo e psicomotriz, passando de determinada tarefa para outra sem perder a linha de raciocínio[1 2].

04. ***Técnica da associação didática:*** junção em bloco de ideias, expressões ou termos, facilitando a melhor compreensão e explicitação de conceitos sob análise[3].

05. ***Técnica da caloria intelectual:*** nutrição mentalsomática visando alimentar, abastecer, sustentar e ampliar a bagagem intelectiva pessoal, favorecendo a criatividade, as neoideias e a produtividade gesconológica[4].

06. ***Técnica da circularidade didática* (Batopensenologia Evolutiva):** abordagem multifacetada, cíclica, do mesmo assunto complexo, dissecado, anatomizado e enriquecido pela análise das variáveis relacionadas[5].

07. ***Técnica da complementariedade verbetorado–autorado conscienciológico:*** associação entrosada, sinérgica e potencializadora do exercício da função de verbetógrafo ou verbetógrafa e o exercício da função de autor, ou autora, de livro publicado sobre temas da Conscienciologia[6 7].

08. ***Técnica da cosmossíntese:*** associação de ideias sobre o assunto pesquisado, de modo exaustivo, extraindo a síntese relativa quanto ao momento evolutivo e ao contexto[8].

09. ***Técnica da Definologia:*** explicitação clara e indicação do verdadeiro sentido do objeto pesquisado e identificado[9].

---

[1] Vieira, W.; *Alternância de Tarefas;* verbete.

[2] Vieira, W.; *Dicionário de Argumentos da Conscienciologia;* 2014; p. 40, 210 e 361.

[3] Vieira, W.; *Associação Didática;* verbete.

[4] Manfroi, E.; *Caloria Intelectual;* verbete.

[5] Vieira, W.; *Técnica da Circularidade;* verbete.

[6] Lopes, T.; *Técnica da Complementariedade Verbetorado–Autorado Conscienciológico;* artigo; *Scriptor;* 2018; p. 91 a 93.

[7] Lopes, T.; *Sinergismo Verbetorado–Autorado Conscienciológico;* verbete.

[8] Vieira, W.; *Cosmossíntese;* verbete.

[9] Vieira, W.; *Definologia;* verbete.

10. ***Técnica da diversidade vocabular:*** utilização de vocábulos na produção textual de modo mais variado possível, objetivando a precisão comunicativa e a facilitação da fluência na leitura[1].

11. ***Técnica da Enumerologia:*** produção e processamento didático de enumerações, visando expor didaticamente a temática do texto[2] [3].

12. ***Técnica da escolha do título verbetográfico:*** delimitação de determinado recorte da realidade a fim de compor verbete da *Enciclopédia da Conscienciologia,* a ser escrito, publicado e defendido[4].

13. ***Técnica da escrita precisa:*** ato de grafar a ideia concebida intelectualmente de maneira mais fidedigna possível, transcrevendo-a com clareza, abrangência e profundidade a partir da perscrutação do conteúdo e seleção criteriosa da forma, apropriadas à satisfatória supressão de omissões, ambiguidades e distorções[5].

14. ***Técnica da estigmatização formal:*** ato de fixar a atenção dos leitores e leitoras nos detalhes, podendo se manifestar por intermédio da italicização, da aliteração e da letra em **negrito**[6].

15. ***Técnica da fórmula formal:*** modelo ou chapa referencial para a composição homogênea, uniforme, padronizada, didática e técnica de textos[7].

16. ***Técnica da frase enfática:*** emprego de letras maiores na redação concisa, em 4 linhas chamativas, pontuando determinado tema relevante para a reflexão dos leitores e leitoras[8].

17. ***Técnica da imersão intelectual:*** dedicação continuada e disciplinada à atividade intelectiva escolhida, durante período de tempo pré-determinado, com a finalidade de agilizar, otimizar e po-

---

[1] Lopes, A.; *Grafotécnica da Diversidade Vocabular;* verbete.
[2] Vieira, W.; *Enumerologia;* verbete
[3] Vieira, W.; *Homo sapiens reurbanisatus;* 2004; p. 130.
[4] Daou, D.; *Escolha do Título Verbetográfico;* verbete.
[5] Lopes, A; *Escrita Precisa;* verbete.
[6] Vieira, W.; *Dicionário de Argumentos da Conscienciologia;* 2014; p. 516.
[7] Vieira, W.; *Fórmula Formal;* verbete.
[8] Vieira, W.; *Frase Enfática;* verbete.

tencializar os autesforços para o aperfeiçoamento do raciocínio, a aquisição de neocognições e / ou a elaboração de obra escrita[1].

18. ***Técnica da incubadora paratecnológica:*** fomentação de holopensene de alto padrão propício às megagestações conscienciais das maxiproéxis, em nível de discernimento cosmoético evolutivo, empregando os procedimentos paratecnológicos possíveis[2].

19. ***Técnica da infopesquisa conscienciográfica:*** uso de dispositivos eletrônicos com acesso às fontes de armazenamento de informações digitais, para ampliação de conhecimentos sobre tema específico e construção de neoabordagens a partir de associações ideativas e analogias com os achados técnicos, objetivando a elaboração e / ou expansão de produto conscienciológico escrito[3].

20. ***Técnica da intercessão grafopensênica:*** análise, diagnóstico e encaminhamento conscienciográfico capaz de gerar achegas interconscienciais cosmoéticas e conduzir ao êxito do completismo gesconológico[4].

21. ***Técnica da interitemização:*** indício ou marca deixada pela conscin lúcida, nesta vida humana, nas obras pessoais publicadas, capaz de fornecer indicações para a identificação do próprio temperamento, visando o desenvolvimento ininterrupto dos empreendimentos evolutivos, avançados e intencionalmente entrosados entre as séries de intermissões pré-ressomáticas e pós-ressomáticas, consecutivas, continuadas[5].

22. ***Técnica da justificativa associativa:*** fundamentação do porquê da presença de determinada ideia ou tópico abordado no texto e a conexão com o tema central da investigação[6].

---

[1] Lopes, A.; *Técnica da Imersão Intelectual;* verbete.

[2] Vieira, W.; *Incubadora Paratecnológica;* verbete.

[3] Lopes, A.; *Infopesquisa Conscienciográfica;* verbete.

[4] Daou, D.; *Intercessão Grafopensênica;* verbete.

[5] Vieira, W.; *Interitemização;* verbete.

[6] Vieira, W.; *Homo sapiens reurbanisatus;* 2004; p. 134.

23. ***Técnica da matematização do conceito:*** explicitação sistemática do emprego de palavra ou termo específico, o mais exato possível, em confronto com outros afins, ou pertinentes, sob linha assemelhada de cognição e aproximações intelectivas simples[1].

24. ***Técnica da maternagem ideativa:*** acolhimento e desenvolvimento de sementes ideativas até o nível de amadurecimento, ao serem concretizadas em obra publicada[2].

25. ***Técnica da metáfora instrutiva:*** emprego de palavra ou expressão em sentido figurado ou analógico, capaz de explicitar o conceito de modo racional, técnico[3].

26. ***Técnica da omnirreplicação:*** manutenção de recursos utilitários de escritório sobressalentes à mão ou estocados[4].

27. ***Técnica da pangrafia:*** emprego simultâneo de todas as modalidades de parapercepções possíveis no registro polifenomênico, multímodo, multidimensional, abrangente e sofisticado das ideias ou verdades relativas de ponta[5] [6].

28. ***Técnica da potencialização da Manuscritologia:*** emprego de motivos manuscritos em todo o recheio decorativo da residência, ampliando, ao máximo, as características do holopensene convergente imerso na escrita[7].

29. ***Técnica da qualificação dos verbetes:*** escolha qualimétrica dos conteúdos passíveis de serem incluídos nas entradas da *Enciclopédia da Conscienciologia*[8].

30. ***Técnica da segunda redação:*** enriquecimento criativo de algum texto antigo, por intermédio de nova redação, sobre o mesmo

---

[1] Vieira, W.; *Matematização do Conceito;* verbete.
[2] Lopes, A.; *Maternagem Ideativa;* verbete.
[3] Vieira, W.; *Metáfora Técnica;* verbete.
[4] Vieira, W.; *Dicionário de Argumentos da Conscienciologia;* 2014; p. 289.
[5] Vieira, W.; *Homo sapiens reurbanisatus;* 2004; p. 222.
[6] Vieira, W.; *Pangrafia Grupocármica;* verbete.
[7] Vieira, W.; *Dicionário de Argumentos da Conscienciologia;* 2014; p. 895.
[8] Vieira, W.; *Técnica da Qualificação dos Verbetes;* verbete.

assunto, sem consultar ou se valer do material já redigido, contudo ainda não publicado[1].

31. ***Técnica da taquirritmia megagescônica:*** dinamização máxima da intelectualidade pessoal aplicada à gestação consciencial prioritária visando o autorrevezamento multiexistencial evolutivo[2].

32. ***Técnica da verbetografia conscienciológica:*** escrita da entrada para a *Enciclopédia da Conscienciologia,* cujo estilo ou confor redacional conjuga conteúdo tarístico, cosmovisiológico, verponológico e interassistencial com a forma, modelo ou chapa para a composição homogênea, uniforme, padronizada e didática dos textos[3].

33. ***Técnica das definições escalares:*** busca da definição melhor dos contextos complexos, usando expressões compostas, pela escala interativa e crescente dos termos[4].

34. ***Técnica das enumerações expansíveis:*** ampliação multifacetada de tópicos numerados a fim de expandir e clarificar as abordagens multidimensionais de tema específico[2].

35. ***Técnica das pré-definições:*** elaboração de duas definições, sendo a primeira rudimentar, introdutória, e a segunda, extensa e profunda, titular do assunto propriamente dito[2].

36. ***Técnica das 3 cadeiras:*** utilização técnica de 3 cadeiras em ambiente otimizado, visando a formulação de neoconstructos tarísticos, sem açodamento ou ansiedade, com relaxamento físico e mental, reflexão acurada e captação de neoideias (primeira cadeira ou poltrona), redação manuscrita da elaboração mentalsomática (segunda cadeira), digitação do texto para armazenamento, releitura, achegas e revisões úteis (terceira cadeira)[5].

37. ***Técnica das trocas de posições:*** emprego de inversões ou alterações de lugares na forma da apresentação de ideia (confor),

---

[1] Vieira, W.; *Técnica da Segunda Redação;* verbete.

[2] Vieira, W.; *Taquirritmia Megagescônica;* verbete.

[3] Nader, R.; *Verbetografia Conscienciológica;* verbete.

[4] Vieira, Waldo; *Homo sapiens reurbanisatus;* 2004; p. 128, 130 e 138.

[5] Vieira, W.; *Dicionário de Argumentos da Conscienciologia;* 2014; p. 715.

abarcando expressões, frases, tópicos, parágrafos, capítulos ou toda a seção do texto técnico original, incluindo elisões e inclusões, a fim de explicitar melhor os neoconstructos[1].

38. ***Técnica do apostilhamento do texto (técnica da picotagem das ideias):*** atomização ou subdivisão do pensamento científico escrito, picotando a definição extensa para a escalar, a frase longa em duas ou 3 sentenças mais curtas, e o parágrafo de meia página em 2 ou 3 parágrafos menores[2] [3].

39. ***Técnica do conceito conjugado:*** bissociação de palavras ou expressões compostas, buscando potencializar, amplificar e aprofundar o conteúdo teático de comunicação mais abrangente[4].

40. ***Técnica do confor:*** interação dos 99% do conteúdo (ideia, essência) com o 1% da forma (apresentação, linguagem) nos processos evoluídos da comunicação interconsciencial (Comunicologia), no sentido de a forma enfatizar o conteúdo e não o contrário[4].

41. ***Técnica do crescendo verbete-livro:*** expansão, ampliação e aprofundamento de única ou mais entradas neoenciclopédicas até a produção e publicação de gescon pessoal, de temática similar[4].

42. ***Técnica do entrelinhamento lógico (técnica da entreitemização):*** associação sutil de ideias do texto refinado, mantido nas entrelinhas, dos fatos não-listados no índice remissivo da obra, sobrepairando a forma e extrapolando o título ou as palavras[5] [6].

43. ***Técnica do megapensene trivocabular:*** expressão da síntese máxima do tema ou conteúdo empregando minifrase de 3 palavras [7] [8].

44. ***Técnica do posfácio dos originais:*** anotação de ideias imperdíveis emergidas posteriormente ao trabalho mentalsomático,

---

[1] Vieira, W.; *Homo sapiens reurbanisatus;* 2004; p. 141.
[2] Vieira, W.; *Homo sapiens reurbanisatus;* 2004; p. 122, 126 e 357.
[3] Vieira, W.; *Picotagem das Ideias;* verbete.
[4] Manfroi, E.; *Crescendo Verbete-Livro;* verbete.
[5] Vieira, W.; *Manual de Redação da Conscienciologia;* 2002; p. 82.
[6] Vieira, W.; *Homo sapiens reurbanisatus;* 2004; p. 115 e 138.
[7] Vieira, W.; *Manual dos Megapensenes Trivocabulares;* 2009; p. 12 a 41.
[8] Vieira, W.; *Megapensene Trivocabular;* verbete.

quando a conscin pesquisadora se afastar da mesa de anotações ou engaja-se em outra ocupação[1].

45. ***Técnica do refinamento formal:*** aprimoramento da obra escrita, aplicando até o extremo útil a técnica da exaustividade, e, ao mesmo tempo, ao máximo, a técnica do detalhismo, a fim de fixar melhor as neoideias[2].

46. ***Técnica do sublinhamento:*** grifar, negritar, italicizar ou traçar linha sob palavra, frase, número, detalhe ou expressão redacional com o fim de chamar a atenção do leitor, ou leitora, para a importância da ideia expressa[3].

47. ***Técnica do turno intelectual:*** divisão ordenada do horário diuturno ou o momento quando ocorre o emprego máximo do cérebro, dentro da sequência adequada do trabalho intelectual[4].

48. ***Técnica dos 50 verbetes:*** estratégia de a conscin enciclopedista redigir, defender e publicar 5 dezenas de entradas na *Enciclopédia da Conscienciologia,* visando o autodesenvolvimento autoral[5].

49. ***Técnica dos originais fetais* (fetos mentaissomáticos):** registro escrito em folhas soltas de papel, de modo pangráfico e modular, de novas ideias avulsas – separando cada ideia nova por folha a fim de facilitar a Taxologia – desenvolvidas ininterruptamente, em qualquer lugar e circunstância, sobre os temas mais diversos, acumulados em arquivo vivo e dinâmico para inclusão oportuna em textos originais[1].

50. ***Técnica dos subtítulos paragráficos:*** palavra-chave do tópico, compondo a síntese do conteúdo identificado e definido do parágrafo[6].

---

1 Vieira, W.; *Homo sapiens reurbanisatus;* 2004; p. 136 e 138.
2 Vieira, W.; *Refinamento Formal;* verbete.
3 Vieira, W.; *Sublinhamento;* verbete.
4 Vieira, W.; *Turno Intelectual;* verbete.
5 Manfroi, E; *Técnica dos 50 Verbetes;* verbete.
6 Vieira, W.; *Dicionário de Argumentos da Conscienciologia;* 2014; p. 1.368.

A *TECNOLOGIA CONSCIENCIOGRÁFICA* **POSSIBILITA ENFRENTAR OS** *EMPREENDIMENTOS MENTAISSOMÁTICOS* **COM PERSISTÊNCIA, SUPERANDO GARGALOS RUMO À** *ACABATIVA*.

Questionamento. Você, leitor ou leitora, emprega *técnicas conscienciográfias* nas produções tarísticas pessoais? Quais os resultados evolutivos alcançados até o momento?

III. Interação Autor-Leitor

Definição. A *interação autor-leitor* é a comunicação, conexão ou relação estabelecida entre o produtor textual, homem ou mulher, e o público consumidor, por meio da obra publicada[1].

Sinonímia: 1. Interrelação autor-leitor. 2. Vinculação autor-leitor. 3. Ligação entre autor e leitor. 4. Interdependência autor-leitor. 5. *Sinergismo autor-leitor.*

Antonímia: 1. Distanciamento autor-leitor. 2. Dissociação entre autor e leitor. 3. Desconexão entre autor e leitor. 4. Divergência entre autor e leitor. 5. Afastamento entre autor e leitor.

Ortopensatologia. Eis 3 ortopensatas, pertinentes ao tema, citadas na ordem alfabética e classificadas em 2 subtítulos:

1. **"Autoradologia.** A conscin autora deve ter a preocupação de não deixar margem à **má interpretação** quanto ao seu texto. A deturpação, quando houver, deve partir do acervo cognitivo da conscin leitora e não devido à redação inapropriada". "A conscin autora deve focar o seu texto no **público-alvo,** mas sem se preocupar em fazer média com o leitor ou leitora"[2].

2. **"Escritor.** O melhor escritor não é autor de *best seller,* mas aquele que consegue angariar **leitores inteligentes,** acima da mediocridade da Socin Patológica, independentemente do número desses"[2].

Ferramenta. Na análise da *Geopoliticologia,* o livro, enquanto ferramenta interassistencial sem fronteiras, é capaz de atingir ambientes, locais, regiões e consciências inalcançáveis pelas palavras faladas ou verbalizadas. Portanto, atua na condição de itinerante natural, comunicando as ideias da conscin autora.

---

[1] Lopes, T.; *Interação Autor-Leitor;* verbete.

[2] Vieira, W.; *Léxico de Ortopensatas;* 2019; p. 278 e 761.

Endereçamento. Segundo a *Comunicologia,* as estratégias cosmoéticas de divulgação das obras publicadas auxiliam na conexão do texto mais adequado, atendendo às necessidades do leitor.

Conforto. No filme *Balzac e a Costureirinha Chinesa* (2002), por exemplo, dois jovens, vivendo na China comandada por Mao Tsé-Tung (1893–1976), na década de 1970, são presos e encaminhados aos chamados campos de reeducação, em vila isolada no Tibet. Ambos apenas encontram alívio ao descobrirem baú com livros, considerados subversivos, de autoria de Flaubert (1821–1880), Tolstói (1828–1910), Victor Hugo (1802–1885) e Balzac (1799–1850).

Amplitude. As obras dos autores do século XIX, mais de 100 anos após a publicação, traziam conforto emocional aos jovens chineses. Tal fato demonstra o alcance inimaginável pelos autores das ideias veiculadas a partir das publicações pessoais.

Rapport. A obra publicada possibilita o estabelecimento de *rapport* entre autor e leitor pela interrelação dialógica – colóquios silenciosos através da leitura.

Confor. A textualidade da obra depende dessa complementaridade autor-leitor, desenvolvida por meio da produção de texto dotado de sentido para os interlocutores. Portanto, é função do autor guiar o leitor na construção do sentido do texto.

Motivação. Pela ótica da *Evoluciologia,* a *interação autor-leitor* torna-se evolutiva quando a principal motivação da conscin é o esclarecimento de leitoras e leitores interessados, por meio da publicação das próprias experiências propulsoras da evolução consciencial.

Evitações. De acordo com a *Cosmoeticologia,* eis, em ordem alfabética, 13 condições a serem evitadas nos textos tarísticos:

01. **Anticientificidade:** as argumentações inconsistentes, sem a devida fundamentação teática. *Antagonismo argumentação fatuística / achismo.*

02. **Antitecnicidade:** o menosprezo pela tecnologia consciênciográfica de ponta. *Antagonismo tecnicidade / amadorismo.*

03. **Doutrinação:** o texto doutrinador gerador de leitores acríticos; a manutenção de leitores de cabresto. *Antagonismo intenção de informar / intenção de convencer.*

04. **Imprecisão:** a ambiguidade contraproducente, polissemia e excessos linguísticos dificultadores do acesso às ideias ou conceitos esclarecedores. *Antagonismo ornamentação textual esclarecedora / ornamentação textual dispensável.*

05. **Incoesão:** a ausência de fluxo das ideias e encadeamento lógico. *Antagonismo linearidade textual / amontoado de frases.*

06. **Incontestabilidade:** as afirmativas peremptórias. *Antagonismo verpon / verdade absoluta.*

07. **Indefensibilidade:** as apologias anticosmoéticas. *Antagonismo ortopensenidade / baratropensenidade.*

08. **Lacunosidade:** as omissões deficitárias de informações cruciais sobre a temática da obra, contextos expostos ou situações divulgadas. *Antagonismo informação dosificada pró-assistido / informação dosificada pró-assistente.*

09. **Malintencionalidade:** as manipulações conscienciais por meio da escrita; a intencionalidade espúria, implícita e obscura na obra. *Antagonismo esclarecimento / lavagem subcerebral.*

10. **Mediocridade:** a intenção visionária, infantil ou romântica de massificação da Conscienciologia. *Antagonismo best-seller / obra técnica assistencial.*

11. **Melifluosidade:** a linguagem adocicada, edulcorada e simplória própria do texto demagógico; o estilo melífluo, acobertador da realidade dos fatos e parafatos. *Antagonismo discurso racional / apelo emocional.*

12. **Obscuridade:** os textos ininteligíveis (confusão mental); os raciocínios embaralhados, dispersivos, obscuros e prolixos[1]. *Antagonismo retilinearidade pensênica / entropia pensênica.*

13. **Vaidade:** o texto excessivamente rebuscado, enigmático ou de difícil compreensão, visando exaltar a personalidade da conscin autora. *Antagonismo cobaia didática / autexaltação.*

Desassedialidade. A aplicação do *princípio da interassistencialidade pela comunicação gráfica* possibilita ao autor ou autora de obra tarística desenvolver a dinâmica da interatividade mentalsomática com a conscin leitora, desencadeando desassédios interconscienciais.

Autorreeducação. Mediante a *Taristicologia,* a leitura torna-se esclarecedora quando ocorre a apreensão do conteúdo do texto tarístico pelo leitor, a partir da análise, avaliação, correção e reversão para melhor da própria realidade consciencial.

Desafio. Exemplo dessa condição é retratada no filme *Escritores da Liberdade* (2007), inspirado no caso da professora Erin Gruwell (1969–), ao assumir o desafio de educar determinada turma composta por adolescentes vivendo em comunidade urbana racialmente dividida, muitos deles envolvidos e expostos à violência de gangues, detenções juvenis e drogas lícitas e ilícitas.

Leitura. A docente incentiva os alunos a escreverem as próprias histórias de vida, e, posteriormente, as lerem uns para os outros, utilizando, como ponto de partida, a leitura da obra *Diário de Anne Frank* (1947). A proposta de começarem o exercício pela ótica da adolescente alemã, perseguida por ser judia durante a segunda guerra mundial, visava demonstrar terem todos mais pontos em comum comparados às divergências.

---

[1] Lopes, T.; *Interação Organização Pensênica–Conscienciografia;* verbete.

O SINERGISMO DOS AUTESFORÇOS PARA A COMUNICAÇÃO EVOLUTIVA DURADOURA POSSIBILITA A AUTOCONTRIBUIÇÃO, VISANDO A REEDUCAÇÃO CONSCIENCIAL EM GERAL.

Retrocognição. A partir da *Mnemossomatologia,* o texto tarístico pode promover a assistência de destino à conscin leitora, ao reconectá-la à própria raiz intermissiva homeostática. As publicações conscienciológicas são agentes retrocognitivos capazes de reavivar a holomemória dos intermissivistas[1].

Intermissibilidade. Sob a ótica da *Intercompreensiologia,* o texto conscienciológico é melhor apreendido pelas conscins ex-alunas de *Cursos Intermissivos* (CI) pré-ressomáticos, tendo em vista os conteúdos em comum estudados.

Público-leitor. Sendo assim, as conscins reconhecidas por si mesmas na condição de intermissivistas são o principal segmento ao qual se destina a maior parte das publicações da Conscienciologia. Contudo, as obras tarísticas visam esclarecer toda e qualquer pessoa interessada (humanidade e para-humanidade)[1].

Aplicação. Conforme a *Experimentologia,* a tares promovida pelo texto conscienciológico torna-se mais eficaz, primeiramente, através do incentivo às autorreflexões sofisticadas e introspecção aprofundada e, posteriormente, pela aplicação teática do conteúdo da leitura (autexperimentação)[2].

Verbação. Por meio da *Exemplarismologia,* o texto tarístico torna-se veículo motivador de heterorrecins nos leitores pela força exemplificativa do conteúdo técnico exposto pela consciência autossuperadora mentalsomática.

---

[1] Lopes, T.; *Público-Leitor Intermissivista;* verbete.

[2] Almeida, J.; *Qualificação Autoral;* 2014; p. 239 e 240.

Cobaiagem. Essa condição ocorre pela explicitação do nível de lucidez intermissiva aplicado na própria vida humana. As reciclagens intraconscienciais ficam assim evidenciadas no texto, quando a conscin autora se coloca no papel de cobaia didática[1], possibilitando a qualificação da escrita tarística a partir das autopesquisas[2].

Introdução. A interatividade máxima entre autor e leitor pode ocorrer justamente na introdução da obra[3]. A abertura do texto significa também a entrada na intraconsciencialidade da conscin autora, evidenciando o nível de inteligência consciencioográfica manifesto.

Franqueza. O capítulo introdutório objetivo e honesto poupa o tempo do leitor na seleção das leituras pessoais (*técnica do aperitivo intelectual*[4]) ao clarear o teor da obra e a quem pode interessar o conteúdo.

Autorrevezamento. Considerando a *Autorrevezamentologia,* no capítulo introdutório, a conscin autora pode explicitar como a obra foi elaborada, bem como as automotivações para a escrita e publicação, possibilitando, assim, o registro de elementos para a autolocalização retrobiográfica em existências futuras (cápsula grafopensênica), a fim de empreender os autorrevezamentos evolutivos lúcidos[5].

Conteúdo. Sob a ótica da *Gesconologia,* eis, a título de exemplo, em ordem alfabética, 32 elementos de composição passíveis de serem utilizados nos capítulos introdutórios de publicações[6]:

01. **Argumentação:** expor a defesa de determinado conjunto de ideias.

---

[1] Lopes, T.; *Autexposição Conscienciográfica;* verbete

[2] Lopes, T.; *Sinergismo Autopesquisa-Conscienciografia;* verbete.

[3] Lopes, T.; *Capítulo Introdutório;* verbete.

[4] Vieira, W.; *Aperitivo Intelectual* verbete.

[5] Vieira, W.; *Memória Encapsulada;* verbete.

[6] Lopes, T.; *Capítulo Introdutório;* verbete.

02. **Características:** explicitar as características do tema abordado.

03. **Confor:** expor as razões pela opção da conformática e estilística utilizada.

04. **Contato:** indicar os meios para entrar em contato com o autor.

05. **Contribuições:** solicitar heterocríticas dos leitores e leitoras.

06. **Criticidade:** estimular a leitura crítica do livro.

07. **Definição:** definir o tema central da publicação.

08. **Descrença:** convidar o leitor a utilizar o *princípio da descrença* (PD) durante a leitura.

09. **Didática:** explicitar os recursos didáticos empregados.

10. **Estatística:** informar as pontoações e dados estatísticos da obra.

11. **Exclusões:** explicitar os motivos de determinadas exclusões ou evitação de uso de determinados termos e expressões no texto.

12. **Expansão:** indicar as possibilidades de ampliação do conteúdo do livro.

13. **Fontes:** informar as fontes de pesquisa e materiais empregados na composição do texto.

14. **Histórico:** explicitar as etapas do desenvolvimento da pesquisa apresentada na publicação.

15. **Intencionalidade:** expor a intenção do autor ou autora ao publicar determinado conteúdo.

16. **Intrarticulação:** explicitar as correlações entre os capítulos ou temas abordados na obra.

17. **Linguagem:** mostrar as razões da opção pelo tipo de linguagem utilizada.

18. **Localização:** indicar a localização de determinadas informações no texto.

19. **Método:** explicitar a metodologia utilizada na composição do livro.

20. **Motivação:** expor a raiz motivacional do autor ou autora para a publicação.

21. **Objetivos:** indicar os objetivos pretendidos com a gescon.

22. **Posicionamento:** explicitar o posicionamento interassistencial, teático, dos princípios defendidos pelo autor ou autora.

23. **Premissas:** expor a tese, ideia central ou tópicos principais apresentados no texto.

24. **Público-leitor:** indicar o público-leitor ao qual se destina a obra.

25. **Recomendações:** fazer recomendações quanto à leitura da publicação.

26. **Síntese:** apresentar a síntese do conteúdo do texto.

27. **Técnicas:** indicar as técnicas conscienciográficas utilizadas.

28. **Temas:** informar os temas tratados.

29. **Teoria:** expor a fundamentação teórica da obra.

30. **Tipologia:** indicar o gênero textual da publicação.

31. **Veio:** explicitar a linha ideativa da pesquisa publicada.

32. **Visão panorâmica:** apresentar a forma como o texto foi estruturado (seções e capítulos).

***O** LIVRO TARÍSTICO, **A PARTIR DA QUALIDADE DO TEXTO, TORNA-SE** INTERFACE ASSISTENCIAL **CAPAZ DE AMPLIAR A REDE INTERCONSCIENCIAL MULTIDIMENSIONAL DA** CONSCIN AUTORA.*

Questionamento. Você, autor ou autora, considera evolutivas as interações com leitoras e leitores, contemporâneos e pósteros, realizadas a partir das publicações pessoais? Quais são as contribuições conscienciográficas para a auto e heterevolução consciencial?

IV. Bastidores da Conscienciografia

Definição. Os *bastidores da conscienciografia* são as ocorrências e paraocorrências não óbvias ou não perceptíveis ao público-leitor, passíveis de serem vivenciadas pela conscin, homem ou mulher, durante a produção dos textos pessoais tarísticos[1].

Sinonímia: 1. Poscênio da escrita conscienciológica. 2. Bastidores da grafotares. 3. Retaguarda da escrita tarística. 4. Bastidores da redação conscienciológica.

Antonímia: 1. Explicitação conscienciográfica. 2. Ribalta autoral. 3. Bastidores de curso conscienciológico.

Ortopensatologia: – **"Autorado.** A conscin autora centraliza as **ideias magnas** no holopensene do escritório pessoal. A exposição pública representa a moldura, embora o processo ideativo seja permanente"[2].

Observação. Pela *Multidimensionologia,* o processo de escrita conscienciológica envolve inúmeros fatos e parafatos interrelacionados, cabendo à conscin autora manter-se atenta, tirando o máximo proveito evolutivo possível de tal condição.

Interassistência. Mediante a *Interassistenciologia,* os hábitos intelectuais sadios possibilitam a vivência do caminho de via dupla da interassistência conscienciográfica cosmoética: transmitir os resultados pesquisísticos aos leitores, a partir das benesses advindas dos amparadores extrafísicos *(crescendo achegas recebidas–achados ofertados).*

Continuísmo. A publicação contínua de gescons depende da aplicação associada, entrosada e complementar da autoinvestigação e da escrita conscienciológica fundamentada no paradigma consciencial tarístico[3]. (V. cap. *Continuísmo Conscienciográfico*).

---

[1] Lopes, T.; *Bastidores da Conscienciografia;* verbete.
[2] Vieira, W.; *Léxico de Ortopensatas;* 2019; p. 276.
[3] Lopes, T.; *Sinergismo Autopesquisa-Conscienciografia;* verbete.

Reciclagem. Em face da *Recinologia,* a habilidade para transformar as vivências pessoais em conteúdo publicável propicia a produção de obras escritas esclarecedoras em número equivalente às autossuperações realizadas. Tal proatividade é profilaxia ao fato lamentável de saber escrever bem, sem ter conteúdo a grafar.

Produmetria. No contexto da *Autodesempenhologia,* o autodesconhecimento tende a gerar baixa produção qualiquantitativa na escrita, exigindo o autodesassédio autoral nas diversas fases da produção tarística[1]. (V. cap. *Desenvolvimento Conscienciográfico*).

Fontificação. Partindo do pressuposto de a autexperimentação constituir a metodologia de pesquisa da Conscienciologia, o inventário pesquisístico pessoal pode ser acervo constantemente fomentador de neogescons, a partir do *crescendo esmiuçar a autobiografia–deixar rastro textual,* tendo em vista a própria história de vida ser fonte inesgotável de inspiração para escrever[2].

Disponibilização. Conforme a *Autopesquisologia,* ao chegar ao resultado autoinvestigativo pretendido referente a determinado tema, o(a) autopesquisador(a) poderá transformar os achados em produtos passíveis de serem utilizados pelas conscins interessadas[2].

Conformática. Para isso, é imprescindível ao autor(a) analisar o melhor confor para a apresentação da conteudística a ser explicitada, do modo mais didático, organizado e claro possível, no veículo de comunicação mais adequado ao objetivo tarístico pretendido.

Elucidação. Desse modo, ocorre a interassistência conscienciográfica decorrente da sistematização e explicitação tarística do próprio conhecimento latente a partir do *binômio clarificação de constructos–obra elucidante.*

---

1 Arakaki, K.; *Autodesassédio Autoral;* artigo; *Scriptor;* 2010; p. 29 a 54.

2 Lopes, T.; & Tenius, B.; *Autopesquisa Conscienciológica;* 2020; p. 143 a 145.

Retroalimentação. Ao mesmo tempo, e consequentemente, a escrita conscienciológica incrementa o próprio acervo de experiências pessoais e amplia o autoconhecimento técnico pelo descortino do caminho autopesquisístico empreendido[1]. (V. cap. *Consciencio-metria Conscienciográfica*).

Arremate. No universo da *Gesconologia,* ao priorizar a acabativa dos projetos de autopesquisa visando as autopublicações, o(a) autorando(a) tira partido do autodesassédio mentalsomático promovido pela heterorrevisão cosmoética dos textos pessoais.

Retribuição. Segundo a *Paradireitologia,* a condição de ex-aluno(a) de *Curso Intermissivo* (CI) pré-ressomático indica a responsabilidade da conscin quanto à distribuição assistencial da autobagagem evolutiva.

Paracognição. Pelos conceitos da *Parapercepciologia,* ocorre a ampliação paracognitiva a partir da investigação e publicação das autovivências multidimensionais, expressão da maturidade dos próprios frutos parapsíquicos materializados em gestações conscienciais (autocientificidade)[2].

Autorrevezamento. O registro do limite máximo de lucidez alcançado na atual existência auxilia no desenvolvimento do continuísmo consciencial, tendo em vista a Autorrevezamentologia e a Interassistenciologia Multiexistencial.

Condições. Pela ótica da *Conscienciografologia,* eis, em ordem alfabética, 25 variáveis relacionadas aos bastidores do desenvolvimento da escrita conscienciológica:

01. **Amparologia:** a interassistência interdimensional sendo a razão da escrita conscienciológica; a conquista de parapreceptoria

---

[1] Lopes, T.; *Linha Ideativa da Pesquisa;* verbete.

[2] Cover, M.; *Aproveitamento Autexperimentográfico;* verbete.

funcional pelo autesforço conscienciográfico contínuo; a fertilizadora coautoria das consciexes amparadoras de função.

02. **Autexperimentologia:** as casuísticas pessoais generalizáveis.

03. **Autodesempenhologia:** as facilidades e dificuldades pessoais percebidas no processo de produção gesconográfica; a vivência do *binômio intelectual-operário*.

04. **Autodeterminologia:** a autoprioridade conscienciográfica sustentada sem desvios nas extrapautas e adversidades[1].

05. **Autodiscernimentologia:** o fio da navalha entre a latência grafopensênica e a procrastinação do trabalho intelectual[2].

06. **Autoparaprocedenciologia:** a sustentabilidade da conexão com a autoparaprocedência cursista a partir da produção conscienciográfica.

07. **Autopriorologia:** as ações cotidianas refletindo as autoprioridades conscienciográficas.

08. **Autorreeducaciologia:** as benesses autoconsciencioterápicas da escrita; a persistência no emprego dos recursos cognitivos reforçando neorrotinas antidispersivas e a superação de manifestações emociogênicas[3]. (V. Cap. *Efeitos Intraconscienciais da Conscienciografia*).

09. **Autorreflexologia:** as autorreflexões enriquecedoras das autopublicações; as tomadas de decisão referentes à obra em andamento e às produções futuras.

10. **Autorrevezamentologia:** o preparo cuidadoso da autoposteridade gesconográfica cosmovisiológica autorrevezamental[4].

11. **Desassediologia:** o autenfrentamento dos desassédios intrínsecos ao labor intelectual[5].

---

[1] Lopes, T.; *Continuísmo Conscienciográfico;* verbete.

[2] Bassanesi, C.; *Latência Grafopensênica;* verbete.

[3] Daou, D.; *Recexologia Conscienciográfica;* verbete.

[4] Vieira, W.; *Autoevocação;* verbete.

[5] Arakaki, K.; *Autodesassédio Autoral;* artigo; *Scriptor;* 2010; p. 29 a 54.

12. **Energossomatologia:** a autossustentabilidade energossomática frente aos contrafluxos autorais.

13. **Evocaciologia:** as evocações temáticas favorecendo a interassistência interdimensional.

14. **Gargalologia:** a identificação e ultrapassagem dos gargalos conscienciográficos; os bloqueios e desbloqueios relativos à escrita tarística.

15. **Grafopensenologia:** as anotações pessoais na condição de sementeiras neogesconológicas; o registro dos constructos ao serem concebidos, com a finalidade de não se perder nenhum componente ideativo enquanto *ainda quente*.

16. **Grafotecnologia:** a aplicação do instrumental grafotécnico capaz de estabelecer comunicação conscienciográfica mais efetiva. (V. cap. *Técnica Conscienciográfica*).

17. **Holopensenologia:** a ambientação favorável à ortografopensenidade.

18. **Inspiraciologia:** a autopredisposição para atuar ao modo de conceptáculo ideativo; os exopensenes sadios capazes de deflagrar neorraciocínios e neoabordagens sobre o tema da obra em produção ou esclarecer pontos ainda obscuros; as ideias próprias acrescidas das paraideias dos amparadores extrafísicos[1]; as inspirações extrafísicas sustentadoras da grafotares[2].

19. **Megafocologia:** a diminuição das distrações do mundo pessoal ampliando o acesso às neoverpons.

20. **Mentalsomatologia:** a sustentabilidade do trabalho mentalsomático; o bem-estar da intelecção pró-evolutiva.

21. **Parapatologia:** a dispersividade e a autoinsegurança sabotando a rotina da escrita; o autassédio intelectual impedindo a performance grafotarística.

---

[1] Arakaki, K.; *Autocaptação de Ideias;* verbete.

[2] Daou, D.; *Paraposfácio: Tares Autoconscienciográfica;* artigo; *Scriptor;* 2010; p. 72 a 78.

22. **Revisiologia:** a preceptoria autoral; os indispensáveis ajustes e acréscimos provindos das revisões dos textos pessoais; os pareceristas temáticos qualificando o pré-livro[1].

23. **Rotinologia:** a manutenção cotidiana das atividades mentaissomáticas prioritárias; o conceptáculo gesconográfico pessoal a partir da rotina diária da escrita.

24. **Sincronologia:** os complexos e intrincados mecanismos evolutivos atuantes nas sincronicidades grafotarísticas.

25. **Tenepessologia:** os atendimentos a conscins e consciexes relacionadas às produções grafotarísticas; a prática tenepessológica enquanto fonte inspiradora de neoverpons[2].

Evocações. Dentre as variáveis inerentes aos bastidores da produção grafotarística apresentadas, vale destacar, dentre as mais relevantes, a Evocaciologia Conscienciográfica[3].

Rastro. Sendo a evocação consequência multidimensional óbvia da autopensenidade[4], múltiplas conexões são desencadeadas pela conscienciografia. Assim, é extremamente importante ao autor(a) manter a autolucidez quanto às decorrências das próprias assinaturas grafopensênicas.

Atenção. No processo de produção textual, faz-se necessário tornar-se autoconsciente tanto das evocações intencionais ou deliberadas quanto das evocações involuntárias, inerentes aos trabalhos intelectuais de interassistência.

Decorrência. Por isso, a relevância da análise técnica das repercussões intra, inter e extraconscienciais da publicação de obras tarísticas, seja durante e / ou após o processo de escrita e produção editorial.

---

[1] Daou, D.; *Intercessão Grafopensênica;* verbete.

[2] Vieira, J.; *Interação tenepes-escrita;* verbete.

[3] Lopes, T.; *Evocaciologia Conscienciográfica;* verbete.

[4] Fernandes, P.; *Evocaciologia;* verbete.

Variáveis. Considerando a conscin conscienciógrafa a protagonista do teatro grafotarístico[1], eis, a título de exemplo, dispostos em ordem alfabética, 7 elementos evocativos presentes nas obras grafadas capazes de demonstrar a multiplicidade de variáveis para análise:

1. **Assistentes:** as consciências envolvidas no processo editorial das autopublicações.
2. **Conteúdo:** a temática textual delineadora do elenco interassistencial.
3. **Ganchos didáticos:** a menção a determinadas casuísticas e fatuísticas embasadoras da argumentação textual.
4. **Imagem:** a foto do(a) autor(a) e as imagens disponibilizadas na obra.
5. **Intertextualidade:** as referências omnigráficas; os *links* conteudísticos intertextuais; os aforismos e citações[2].
6. **Público-leitor:** os destinatários das próprias obras publicadas.
7. **Retratações:** os credores do passado holobiográfico interligados à temática da obra publicada[3].

Investir na *Grafotares* ***amplia o rol de assistidos e a interação com assistentes de comunexes evoluídas interessados em materializar*** *ideias libertárias.*

Higidez. De acordo com a *Energossomatologia,* dadas as múltiplas evocações inerentes à produção grafotarística, é imprescindível manter a própria psicosfera higienizada a partir do trabalho rotineiro com as energias e das desassimilações energéticas (desassins).

---

[1] Daou, D.; *Teatro Conscienciográfico;* verbete.
[2] Lopes, T.; *Gancho Temático Intertextual;* verbete.
[3] Lopes, T.; *Conscienciografia Libertadora;* verbete.

Incremento. A instalação de campos energéticos interassistenciais mentaissomáticos durante a produção textual tarística propicia à conscin autora a qualificação parapercepciológica grafopensênica, incrementando o nível da própria tara parapsíquica pelo continuísmo conscienciográfico[1].

Interatividade. As autopublicações tarísticas possibilitam a futura condição de liderança interassistencial do autor-consciex, a partir das evocações dos leitores pósteros, além da autevocação na leitura das próprias obras em vidas futuras, pela vivência do *ciclo interexistencial sementeira intrafísica–colheita intermissiva–recolheita intrafísica.*

AO LIGAR O *PARADESCONFIÔMETRO CONSCIENCIOGRÁFICO,* ***A CONSCIN LÚCIDA AMPLIA A PARAPERCEPÇÃO DE INÚMERAS*** *REPERCUSSÕES INTERCONECTIVAS MULTIDIMENSIONAIS.*

Questionamento. Você, leitor ou leitora, mantém a atenção aos inúmeros fatores correlacionados aos bastidores da conscienciografia? Qual proveito evolutivo vem obtendo de tal condição?

---

[1] Salles, R.; *Parapsiquismo Conscienciográfico;* artigo; *Scriptor;* 2011; p. 12 a 18.

V. Continuísmo Consciênciográfico

Definição. O *continuísmo consciênciográfico* é a qualidade, caráter ou condição sadia, a maior, da inteireza, sem brechas, sem hiatos, sem fossos e sem neofobias na continuidade da escrita conscienciológica, fundamentada no paradigma consciencial tarístico[1].

Sinonímia: 1. Continuidade consciênciográfica. 2. Constância consciênciografológica. 3. Persistência grafotarística. 4. Redação conscienciológica continuada. 5. Assiduidade consciênciográfica. 6. Regularidade consciênciografológica.

Antonímia: 1. Descontinuísmo consciênciográfico. 2. Inconstância consciênciografológica. 3. Incontinuidade consciênciográfica. 4. Postergação consciênciográfica. 5. Dispersividade grafopensênica. 6. Continuidade literária.

Ortopensatologia. Eis 2 ortopensatas, citadas na ordem alfabética, pertinentes ao tema:

1. "**Continuísmo.** O escritor veterano acaba entendendo de continuísmo e sabe que a sua ***obra,*** na *Proxêmica,* é interminável, e, na **Cronêmica,** é eterna"[2].

2. "**Livro.** O **primeiro livro** da conscin autora puxa o segundo. O livro publicado, em geral, é incorporado à sua personalidade. Nada supera a *cápsula do tempo* fundamentada num livro de uma vida humana para outra"[2].

Reiteração. Conforme a *Pensenologia,* a autodeterminação ortografopensênica predispõe a conscin autora à fomentação reiterada do holopensene da escrita pela atmosfera saturada com neoconstructos consciênciografológicos.

Sistematização. De acordo com a *Autorganizaciologia,* o estabelecimento de rotina intrafísica padronizada libera o mentalsoma

---

[1] Lopes, T.; *Continuísmo Consciênciográfico;* verbete.

[2] Vieira, W.; *Léxico de Ortopensatas;* 2019; p. 514 e 1.182.

para o trabalho construtivo e perdurável. Para a expansão do rendimento pessoal, torna-se imprescindível o autenfrentamento conscienciográfico permanente a partir da repetição das atividades de escrita.

Regularidade. No universo da *Autodesempenhologia,* na prática laboral conscienciográfica, mais vale o *menos* regularmente ao *muito* esporadicamente, em outras palavras, os piques esporádicos de alto rendimento em contraponto à rentabilidade profícua da velocidade cruzeiro, assim como é preferível o *possível realizado* ao invés do ideal *somente imaginado.*

Antimarasmo. Sob a ótica da *Autenfrentamentologia,* a autodesassedialidade mentalsomática, alcançada pelo autesforço sincero em eliminar a ociosidade dos autotraf*o*res intelectivos, faz-se necessária para iniciar, manter e finalizar cada novo trabalho grafotarístico.

Paragenética. A autodileção grafopensênica e o traf*o*r da escrita desenvolvidos em sucessivas ressomas na condição de escritor, escriba e copista podem auxiliar na continuidade conscienciográfica, contudo o mais importante é a predisposição pessoal para aproveitar o manancial grafotécnico da Conscienciologia visando a grafoassistência. (V. cap. *Técnica Conscienciográfica*).

Retroalimentação. Consoante a *Voliciologia,* a própria satisfação quanto aos resultados alcançados ajuda a manter a automotivação conscienciográfica e, por tabela, a gerar o contágio sadio dos compassageiros evolutivos pelo desempenho autoral consistente.

Desenvolvimento. Em face da *Mentalsomatologia,* eis, em ordem alfabética, 20 *hábitos saudáveis* capazes de auxiliar na manutenção de *rotinas úteis* visando o desenvolvimento do continuísmo conscienciográfico:

01. **Atilamento.** O *hábito* de manter papel e caneta sempre à mão.

02. **Autodidatismo.** O *hábito* do se dedicar aos estudos sistemáticos semperaprendentes.

03. **Autorreflexão.** O *hábito* de manter a autorreflexão produtiva.

04. **Concentração.** O *hábito* de manter a concentração mental.

05. **Conexão.** O *hábito* de se conectar aos amparadores.

06. **Consulta.** O *hábito* de consultar dicionários.

07. **Cosmovisão.** O *hábito* de pensar grande.

08. **Debate.** O *hábito* de debater sobre escrita.

09. **Enumeração.** O *hábito* de fazer enumerações.

10. **Escrita.** O *hábito* de escrever diariamente.

11. **Estudo.** O *hábito* de estudar temas prioritários.

12. **Imaginação.** O *hábito* de dirigir a própria imaginação.

13. **Informação.** O *hábito* de se manter informado.

14. **Leitura.** O *hábito* de ler textos técnicos.

15. **Pensenização.** O *hábito* de pensenizar sobre a escrita.

16. **Pesquisa.** O *hábito* de pesquisar multidimensionalmente.

17. **Realização.** O *hábito* de realizar trabalhos mentaissomáticos disciplinadamente.

18. **Registro.** O *hábito* de registrar as autovivências.

19. **Retilinearidade.** O *hábito* de manter a pensenização retilínea.

20. **Revisão.** O *hábito* de revisar os próprios textos e os alheios.

Autorreducação. Mediante a *Recinologia,* a autorreciclogenia conscienciográfica pode ser considerada causa e efeito da produtividade gesconológica continuada, advindo daí a necessidade do ma-

peamento e autossuperação dos travões da escrita e estabelecimento de desafios intelectuais autoimpostos[1].

Otimização. Eis, em ordem alfabética, 4 procedimentos otimizadores da manutenção da continuidade das autopublicações tarísticas:

1. **Disseminação:** conjugar a escrita de verbetes, artigos e livros tarísticos.
2. **Gancho:** fazer a convergência dos temas de pesquisa publicados em vários veículos[2].
3. **Planificação:** realizar o planejamento gesconográfico pessoal de curto, médio e longo prazo.
4. **Prospectiva:** definir neoprojeto de escrita antes de finalizar o projeto em andamento.

Auxílio. No contexto da *Amparologia,* a rotina mentalsomática já estabelecida (autossustentabilidade grafotarística) favorece a conquista da parapreceptoria funcional, predispondo às ondas de inspirações extrafísicas.

Conexão. Observando a *Parapercepciologia,* eis, em ordem alfabética, 5 vivências multidimensionais e mentaissomáticas passíveis de serem desencadeadas ao se estabelecer rotina de escrita tarística:

1. **Corredor heurístico:** o fluxo do conjunto de condições existenciais capazes de embasar o *ciclo de criatividade ou inventividade aguda* no universo das tarefas do esclarecimento (tares)[3].
2. **Eclosão criativa:** a geração instantânea de neoverpon a partir de surto de inspiração extrafísica, parapsíquica, consciente ou inconscientemente[4].

---

[1] Bassanesi, C.; *Síndrome da Inércia Grafopensênica;* verbete.

[2] Lopes, T.; *Gancho Temático Intertextual;* verbete.

[3] Vieira, W.; *Corredor Heurístico;* verbete.

[4] Vieira, W.; *Eclosão Criativa;* verbete.

3. **Intervenção extrafísica:** a intercessão da consciex amparadora de função, inspirando a conscin sensitiva no desempenho de tarefa intelectual ou mentalsomática[1].

4. **Onda de amparo:** a intensificação da amparabilidade da conscin durante determinado período de tempo, abrindo caminho e propiciando condições favoráveis para a realização de determinada tarefa pertinente[2].

5. **Posfácio dos originais:** as inspirações extrafísicas insistentes afloradas logo depois do período de trabalho conscienciográfico; a verpon captada pela intensificação das conexões paracerebrais (bônus parapsíquico)[3].

Interrelação. Atinente à *Tenepessologia,* podemos fazer a correlação entre o autocompromisso da escrita cotidiana com as práticas diárias da tenepes, predispondo a conscin à atuação conjugada com equipex especializada nas tarefas da interassistencialidade tarística[4].

Achegas. Além do exposto, durante a prática da tenepes, muitas vezes os amparadores extrafísicos aproveitam a descoincidência e predisposição parapsíquica da conscin para transmitir inspirações referentes a obras em andamento e a produções futuras.

Paradever. Considerando a *Intermissiologia,* a autoconvicção proéxica conscienciográfica ocorre em função do megafoco irrevogável quanto aos autocomprometimentos paraprocedenciais da conscin intermissivista lúcida, tendo em vista a responsabilidade evolutiva de fixar os grafopensenes da Conscienciologia na dimensão intrafísica, visando compor o legado intelectual concreto da atual vida humana crítica[5].

---

[1] Vieira, W.; *Intervenção Extrafísica;* verbete.

[2] Arakaki, K.; *Onda de Amparo;* verbete.

[3] Vieira, W.; *Bônus Parapsíquico;* verbete.

[4] Tornieri, S.; *Tarefa de Escrita Pessoal;* Tertúlia Matinal; 14.03.2021.

[5] Machado, C.; *Grafoproexometrologia;* verbete.

Acervo. Daí decorre a autoconsciência da importância da publicação de múltiplas obras (acervo bibliográfico pessoal), iniciativas interassistenciais gesconológicas em prol dos auto e heterolegados mentaissomáticos – as *gescons-elo* da engrenagem evolutiva pessoal[1].

Intertextualidade. Pela *Interrelaciologia,* dentre as técnicas envolvidas no continuísmo consciencіográfico podemos destacar o gancho temático intertextual, recurso intelectivo de continuidade em determinado assunto, abordado anteriormente em publicações alheias ou próprias, necessitando de explicitação ou aprofundamento[2].

Consequência. Perante a *Convergenciologia,* a conexão temática dos textos tarísticos do mesmo autor pode desencadear, pelo menos, 3 decorrências, dispostas na ordem alfabética:

1. **Ampliação cognitiva:** o preenchimento, de acordo com as possibilidades pessoais, de lacunas do conhecimento conscienciológico coletivo identificadas[3].
2. **Linha ideativa da pesquisa:** o deslinde da trilha mentalsomática das autoinvestigações[4].
3. **Representação multidimensional:** a predisposição em tornar-se referência intra e extrafísica nas temáticas das autopublicações[5].

Verbetografia. No universo da *Verbetografologia,* a escrita regular de verbetes para a *Enciclopédia da Conscienciologia* é recurso dos mais relevantes para a manutenção do continuísmo conscienciográfico, e consequente autodesenvolvimento autoral. Eis, em ordem alfabética, 5 condições desencadeadas pela aplicação do *sinergismo verbetorado–autorado conscienciológico*[6]:

---

[1] Vieira, W.; *Subintrância Cronêmica;* verbete.
[2] Lopes, T.; *Gancho Temático Intertextual;* verbete.
[3] Lopes, T.; *Ampliação do Acervo de Autocognição;* verbete.
[4] Lopes, T.; *Linha Ideativa da Pesquisa;* verbete.
[5] Borges, P.; *Representante Multidimensional;* verbete.
[6] Lopes, T.; *Sinergismo Verbetorado–Autorado Conscienciológico;* verbete.

1. **Antinércia:** a saída da inércia ideativa; a estratégia tarística de desinibição consciencioigráfica.

2. **Conteudística:** a prole verbetográfica pessoal abrindo caminho para a escrita das obras pessoais; a transformação dos verbetes pessoais em capítulos de livro; os capítulos do livro pessoal transformados em verbetes.

3. **Demanda interassistencial:** a manutenção do fluxo tarístico grafopensênico visando a formação do público-leitor das próprias obras a partir da defesa de verbetes.

4. **Intelectualidade:** o acréscimo intelectivo pelo uso regular da *técnica de preenchimento da chapa verbetográfica;* o desenvolvimento da linguagem mentalsomática; o avanço pessoal na *Escala dos Autores Mentaissomáticos*[1]. (V. cap. *Efeitos Intraconscienciais da Conscienciografia*).

5. **Tecnicidade:** o tratamento enciclopédico dos conteúdos tarísticos nas autopublicações; a utilização do estilo enciclopédico nas obras pessoais.

A ***AUTOPENSENIDADE DIRIGIDA PARA A*** *PUBLICAÇÃO REITERADA DE OBRAS TARÍSTICAS* ***POSSIBILITA O ANTIPERDULARISMO E O ANTIEGOÍSMO QUANTO À*** *RIQUEZA AUTOCOGNITIVA.*

Questionamento. Você, leitor ou leitora, utiliza a *técnica do continuísmo conscienciográfico?* Sustenta a autoprioridade grafopensênica sem desvios nas extrapautas e adversidades? Quais os resultados alcançados até o momento?

[1] Vieira, W.; *Escala dos Autores Mentaissomáticos;* verbete.

VI. Efeitos Intraconscienciais da Conscienciografia

Definição. O *efeito intraconsciencial da conscienciografia* é consequência na estrutura do microuniverso consciencial da conscin, homem ou mulher, da produção de textos fundamentados no paradigma consciencial tarístico.

Sinonímia: 1. Resultado interior da conscienciografia. 2. Repercussão intraconsciencial da grafotares. 3. Consequência pessoal da escrita conscienciológica. 4. *Efeito consciencial da escrita tarística.*

Antonímia: 1. Causa intraconsciencial da conscienciografia. 2. *Efeito coletivo da grafotares.* 3. Repercussão grupal da escrita tarística.

Ortopensatologia: – "**Autoradologia.** Ao superar-se, além de melhorar a *autoperformance,* a conscin autora amplia o alcance da conscienciografia pela expansão da autocognição e o autoideário focados na **grafopensenidade assistencial evolutiva**"[1].

Ortografopensenização. Tendo em vista a *Grafopensenologia,* quanto mais organizada a autopensenidade da conscin escritora, maior a organização dos ortopensenes pessoais grafados.

Coesão. Em outras palavras, pelo *princípio da inteligibilidade e harmonia textual,* pode-se constatar o nível da qualidade grafopensênica refletida diretamente no nível da qualidade tarística das produções textuais. (V. Cap. *Consciencimetria Conscienciográfica*).

Autexplicitação. Ao mesmo tempo, as palavras escritas (Extraconscienciologia) auxiliam no burilamento do conteúdo da introspecção da conscin (Intraconscienciologia), visto a organização dos saberes a serem transmitidos explicitar para o próprio redator(a) o modo como compreende o tema proposto.

---

1 Vieira, W.; *Léxico de Ortopensatas;* 2019; p. 278.

Instrumental. Pela *Grafotecnologia,* eis, em ordem alfabética, 15 elementos de organização e apresentação dos achados autopesquisísticos passíveis de serem utilizados nas autopublicações:

01. **Bibliografia específica:** as citações; as referências.
02. **Características:** as especificações particulares.
03. **Causas:** a Etiologia.
04. **Classificação racional:** a sistematização.
05. **Correlações:** as associações de ideias.
06. **Definição:** a significação precisa dos temas de pesquisa.
07. **Descrição:** a casuística; a fatuística; as minudências.
08. **Efeitos:** as consequências; as decorrências; as derivações; os resultados.
09. **Enumerações:** as listagens horizontais; as listagens verticais.
10. **Escalas técnicas:** as gradações crescentes dos aspectos analisados.
11. **Mecanismos:** a Fisiologia; a Parafisiologia; o *modus operandi.*
12. **Paralelo:** os confrontos; os contrapontos; os contrastes; os cotejos.
13. **Sinonímia e antonímia:** a Terminologia; a nomenclatura.
14. **Tipologia:** as categorias; as espécies.
15. **Variáveis:** os fatores intervenientes; as minivariáveis; os indicadores; as especialidades.

Retilinearidade. No universo da *Pensenologia,* a partir da teaticidade conscienciográfica continuada, ocorre o incremento da ortopensenidade pessoal, pelo desafio autoimposto de pensenizar com predomínio do *pen* e pelo exercício do estilo técnico, ideal para se alcançar a linearidade da autopensenização.

Reeducação. A autorreciclogenia autoral, portanto, pode ser considerada tanto causa quanto efeito da produtividade gesconoló-

gica, constituindo reação mentalsomática em cadeia, derivada do labor concienciográfico e da erradicação progressiva das deficiências intelectivas e comunicacionais da conscin autora dedicada.

Travão. No contexto da *Parapatologia,* eis, em ordem alfabética, 5 travões intraconscienciais mantenedores da ineficácia grafotarística, indicadoras da necessidade de autorreciclagem por parte da conscin autoranda lúcida:

1. **Autodesestruturação pensênica:** *geradora* da inércia redacional.
2. **Autodesregramento intraconsciencial:** *geradora* da improdutividade grafotarística.
3. **Confusão mental:** *geradora* da desorganização grafopensênica.
4. **Indisciplina pensênica:** *geradora* da inacabativa textual.
5. **Preguiça mental:** *geradora* do desleixo textual.

A *INTRARTICULAÇÃO CONTEUDÍSTICA* ***DO TEXTO TARÍSTICO PUBLICADO POSSIBILITA EXPLICITAR O NÍVEL DA*** *CONCATENAÇÃO AUTOGRAFOPENSÊNICA* ***AUTORAL LÓGICA, COESA E OBJETIVA.***

Grafotecnicidade. Segundo a *Conscienciografologia,* eis, em ordem alfabética, 4 instrumentos grafotécnicos passíveis de promoverem o aperfeiçoamento da comunicação escrita tarística mais eficiente:

1. **Apostilhamento:** a atomização cognitiva; a síntese didática; a pulverização do assunto complexo em blocos de ideias mais inteligíveis; a organização do assunto em tópicos e subtópicos[1].
2. **Fórmula formal:** os padrões formais técnicos de comunicação dos princípios do paradigma consciencial; a chapa verbetográ-

[1] Vieira, W.; *Tópico Intelectivo;* verbete.

fica facilitando a escrita em etapas; o tratamento enciclopédico das verpons[1].

3. **Planejamento gesconográfico:** a previsão das etapas para elaboração dos livros pessoais no curto, médio e longo prazo[2].

4. **Supressão textual:** a exclusão de termos dispensáveis (parasitas de linguagem)[3]; a eliminação dos cacófatos.

Indicadores. Pela *Comunicologia,* eis, em ordem alfabética, pelo menos 5 características do texto organizado indicadoras da grafopensenidade evoluída:

1. **Clareza:** a elaboração intelectual clara; a desambiguidade nas colocações; a formulação ideal das representações abstratas.

2. **Coesão textual:** a exposição lógica de ideias, conceitos, observando as relações entre si; a integração e articulação dos elementos textuais[4].

3. **Logicidade:** a lógica intrarticulada dos pensamentos registrados; o encadeamento eficiente na exposição das próprias ideias.

4. **Objetividade:** a linguagem direta e limpa, sem excessos ou lacunas; a concisão e a convergência ao tema e aos objetivos propostos.

5. **Tarística:** a argumentação didática; a estruturação conteudística da gescon; o sequenciamento ideativo das proposições.

Resgate. De acordo com a *Lucidologia,* dentre os efeitos mais importantes da conscienciografia podemos destacar a recuperação das unidades de lucidez extrafísica (cons) mais avançadas alcançadas durante o período da intermissão lúcida pela conscin intermissivista[5].

Autoconsciencialidade. Considerando a *Autocogniciologia,* o exercício da escrita tarística possibilita a formação de holopensene

---

[1] Vieira, W.; *Fórmula Formal;* verbete.

[2] Nonato, A.; *Planejamento da Gescon;* verbete.

[3] Vieira, W.; *Homo sapiens reurbanisatus;* 2004; p. 27 e 28.

[4] Vieira, W.; *Coesão Textual;* verbete.

[5] Lopes, T.; *Interação Conscienciografia–Recuperação de Cons;* verbete.

favorável ao emprego cosmoético e eficiente da autocogniscibilidade intermissiva, a partir das paraneossinapses geradas nos *Cursos Intermissivos* (CIs) e reacessadas na intrafisicalidade.

Paracognição. Atinente à *Intermissiologia,* as autopublicações tarísticas explicitam o nível de lucidez intermissiva (plasmagem da intermissibilidade pessoal), pelos dividendos paracognitivos advindos da maximização dos autesforços da conscin autora predisposta. (V. Cap. *Consciencíometria Consciencíográfica*).

Rapport. Em face do *princípio da paravinculação,* a produção consciencíográfica continuada possibilita o restabelecimento e sustentabilidade da conexão paraprocedencial, tendo em vista as temáticas dos CIs pré-ressomáticos evocadas pelos conteúdos consciencíológicos publicados.

Continuísmo. Ao mesmo tempo, ocorre a fixação de megacons no paracérebro por meio das autopublicações e a intensificação do holopensene pessoal atual pela tecnicidade evolutiva, predispondo à futura recuperação dos cons magnos precocemente numa próxima existência.

Ampliação. Através do emprego do *ciclo recuperação de cons–aplicação de cons,* há o investimento na captação paraperceptiva de ideias invulgares – verpons evocadoras da paraprocedência cursista – e a busca por suprir lacunas cognitivas pessoais e coletivas por meio de autogescons tarísticas publicadas. A partir daí, pode-se levantar a hipótese de o estudo de temas avançados na intermissão (precedente) favorecer a atuação na condição de consciencíografologista na intrafisicalidade (consequente).

Paraconexão. Consoante a *Heuristicologia,* o exercício da consciencíografia tende a favorecer a sincronização da conscin autora com a linha de autocognição multidimensional e a promover

o reacesso aos próprios dicionários paracerebrais, decorrendo daí o percentual de originalidade e neoverpons das publicações pessoais.

Representação. Pelos conceitos da *Vinculologia,* a escrita tarística vincula explicitamente a conscin autora ao holopensene conscienciológico. Ao assumir o compromisso evolutivo com a fixação grafotarística da Conscienciologia na Terra, o intermissivista passa a atuar na condição de representante multidimensional[1] dos conteúdos ministrados nos *Cursos Intermissivos* (CIs) pré-ressomáticos.

A *CONSCIENCIOGRAFIA* ***PREDISPÕE À RETOMADA DO*** *NÍVEL PENSÊNICO DO CURSISTA INTERMISSIVO,* ***POSSIBILITANDO A DISTRIBUIÇÃO PARACOGNITIVA AO UTILIZAR OS*** *CONS MAGNOS.*

Questionamento. Quais *efeitos intraconscienciais da teática conscienciográfica* você, leitor ou leitora, já vivencia? Quais os resultados evolutivos e interassistenciais de tal conquista?

---

[1] Borges, P.; *Representante Multidimensional;* verbete.

VII. Consciênciografia Libertadora

Definição. A *consciênciografia libertadora* é a escrita conscienciológica, fundamentada no paradigma consciencial tarístico, capaz de promover a desamarração de interprisões grupocármicas e recompor conexões interpessoais a partir da interassistencialidade[1].

Sinonímia: 1. Consciênciografia emancipadora. 2. Grafopensenidade libertadora. 3. Escrita conscienciológica evolutiva. 4. Grafotares reconciliadora. 5. Escrita tarística destravadora. 6. Redação conscienciológica recompositora. 7. Consciênciografia reparadora. 8. Grafopensenidade alforriadora.

Antonímia: 1. Escrita escravizadora. 2. Grafopensenidade antievolutiva. 3. Escrita interprisioneira. 4. Grafopensenidade estagnadora. 5. Escrita assediadora. 6. Grafopensenidade indutora patológica. 7. Escrita inculcadora. 8. Grafopensenidade doutrinadora.

Ortopensatologia: – "**Escrita.** Há **conscins intermissivistas** inibidas, de modo patológico, e com dificuldades para desenvolver a escrita dos seus livros, porque escreveram e publicaram tolices em retrovidas e, agora, carecem justamente de deixar os registros dos estudos dos seus transviamentos, a fim de evitar que outras consciências cometam as mesmas ilicitudes que cometeram. Tais fatos explicam a nossa insistência contra a pasmaceira intelectual dos autorandos nos *Círculos Mentaissomáticos* semanais"[2].

Alicerce. Sob a ótica da *Autoliberologia,* a consciênciografia libertadora tem como pilar mestre a aplicação evolutiva das próprias habilidades, talentos e competências intelectuais na produção de conhecimento a favor de si e das demais consciências.

---

[1] Lopes, T.; *Consciênciografia Libertadora;* verbete.

[2] Vieira, W.; *Léxico de Ortopensatas;* 2019; p. 759.

Restauração. Na análise da *Holocarmologia,* a interassistencialidade inerente à escrita tarística favorece a recomposição da conscin autora com os credores do passado e retrocompanheiros ideológicos[1].

Retratação. Conforme a *Autocoerenciologia,* é necessário, hoje, desdizermos ideias e posicionamentos equivocados defendidos no passado (reeducação). Os neoposicionamentos ideativos[2] confrontadores de retroideias anacrônicas (retrobibliografia), inconscientes ou não, outrora defendidas publicamente (rastros textuais nosográficos), precisam ser explicitadas também publicamente (rastros textuais cosmoéticos)[3].

Redenção. Exemplo de acerto evolutivo por meio das autogescons é a história de Stan "Tookie" Williams (1953-2005), retratada no filme *Redenção* (2004). O fundador da gangue Crips, em Los Angeles, enquanto aguardava a execução no corredor da morte, dedicou-se a combater a agressividade das ruas, cuja origem ele próprio havia sido responsável. Através da escrita de série de livros infanto-juvenis, o autor buscou manter crianças e jovens longe da violência. Tal trabalho lhe conferiu indicações para os Prêmios Nobel da Paz e de Literatura.

Vanguardismo. Pela *Verbaciologia,* o autorado tarístico vinca a posição grafopensênica vanguardista do(a) autor(a) perante o grupo evolutivo[2], ocorrendo a mudança de companhias extrafísicas seculares. Advém daí a condição paradoxal de a conscin escritora poder ser a maior beneficiária das próprias obras publicadas.

Autolucidez. No estudo da *Conscienciografologia,* eis, em ordem alfabética, 9 condições norteadoras da consciencіografia libertadora:

---

[1] Daou, D.; *Reescrita Restauradora;* verbete.

[2] Daou, D.; *Neoposicionamento Ideativo;* verbete.

[3] Vieira, W.; *Rastro Textual;* verbete.

1. **Dever.** A *autoconsciência* de quanto maior o universo da autocognição, maior a obrigação pessoal de enriquecer o saber geral.

2. **Distribuição.** A *autoconsciência* da responsabilidade pela distribuição assistencial do próprio saber evolutivo.

3. **Esclarecimento.** A *autoconsciência* do autocompromisso intelectual tarístico.

4. **Fixação.** A *autoconsciência* da responsabilidade de fixar os grafopensenes da Conscienciologia na dimensão intrafísica.

5. **Inspiração.** A *autoconsciência* de as inspirações extrafísicas surgirem para a conscin capaz de expandi-las e compartilhá-las.

6. **Intransferência.** A *autoconsciência* de a explicitação das ideias pessoais ser compromisso autoral intransferível.

7. **Responsabilidade.** A *autoconsciência* da autorresponsabilidade pelas repercussões multiexistenciais dos escritos pessoais nas conscins leitoras de hoje e de amanhã.

8. **Retratação.** A *autoconsciência* da necessidade de autorretratação por meio das próprias publicações.

9. **Valor.** A *autoconsciência* do valor das ideias grafadas e publicadas.

Reconexões. Atinente à *Interaciologia*, além do estabelecimento do contato indireto com diversificado público-leitor por meio dos próprios textos publicados, a conscienciografia auxilia nos reencontros interpessoais de conscins e consciexes. Desse modo, as evocações temáticas das gescons publicadas favorecem a interassistência interdimensional ao expandir o círculo de relações interconscienciais sadias e libertárias[1].

Paraintercessões. No universo da *Pré-intermissiologia*, o alcance ignorado das ideias veiculadas a partir das autopublicações pode repercutir mesmo após a dessoma da conscin autora, quando ocorre o *rapport* com as conscins leitoras pósteras, através de paraintercessões esclarecedoras na condição de autor-consciex (colheita

---

[1] Nonato, A.; *Gescon Atratora;* verbete.

intermissiva)[1]. A assistencialidade extrafísica, nesse caso, é desenvolvida por intermédio dos livros inspiradores publicados antes nesta dimensão (sementeira intrafísica)[2].

Autexplicitação. Segundo a *Autenfrentamentologia,* a autexposição conscienciográfica visa evidenciar a intraconsciencialidade da conscin multidimensionalmente, a partir da escrita fundamentada no paradigma consciencial tarístico[3].

Avanço. Consoante a *Autossuperaciologia,* a autexposição gráfica favorece a gradual autodesrepressão grafopensênica e a conquista da liberdade de automanifestação. A ampliação da autoconsciência quanto ao nível da própria capacidade comunicativa possibilita autajustes e autaprimoramento autoral por meio de heterorrevisões dos textos pessoais.

Autossuperação. Exemplo da autolibertação consciencial por intermédio da escrita é a casuística de Jean-Dominique Bauby (1952–1997), exposta no filme *O Escafandro e a Borboleta* (2007). Na história, o poderoso editor da revista Elle, após sofrer derrame cerebral devastador, desencadeando a *síndrome de encarceramento (locked-in syndrome),* aprende a se comunicar com o movimento de único olho, indicando letras do alfabeto para formar palavras, frases e até parágrafos, até escrever livro autobiográfico[4].

Autodeterminação. Considerando a *lei do maior esforço intelectivo,* o desenvolvimento da maturidade autoral exige da conscin lúcida a conjugação da autopredisposição para materializar verpons libertadoras com o autenfrentamento dos desassédios intrínsecos ao labor grafotarístico[5].

---

1 Vieira, W.; *Colheita Intermissiva;* verbete.
2 Vieira, W.; *Sementeira Intrafísica;* verbete.
3 Lopes, T.; *Autexposição Conscienciográfica;* verbete.
4 Bauby, J.-D.; *O Escafandro e a Borboleta;* 2019; p. 12 a 120.
5 Arakaki, K.; *Autodesassédio Autoral;* artigo; *Scriptor;* 2010; p. 29 a 54.

Autorreeducação. Considerando a *Reeducaciologia,* eis, em ordem alfabética 7 recins necessárias à autexplicitação grafotarística cosmoética:

1. **Autodesassedialidade:** a autossuperação dos desequilíbrios pessoais diante das pressões extrafísicas contrárias e antagônicas ao trabalho grafotarístico.

2. **Corrigibilidade:** a autocorreção contínua das autoignorâncias, distorções cognitivas e vícios de linguagem explicitados nos textos pessoais.

3. **Exotericidade:** a evitação da omissão deficitária pela sonegação de informações esclarecedoras; a desdramatização da autexposição nas autogescons[1].

4. **Funcionalidade:** o descarte do perfeccionismo atravancador.

5. **Incorruptibilidade:** a remissão da preguiça mental quanto às atividades inerentes ao labor autoral. (V. cap. *Bastidores da Conscienciografia*).

6. **Receptibilidade:** o abertismo a heterossugestões revisionais; a autossuperação da arrogância do saber; a evitação do autenclausuramento mentalsomático antigesconológico.

7. **Teaticidade:** a supressão da autoinsegurança intelectual.

Autodesassédio. No contexto da *Mentalsomatologia,* dentre as estratégias de autodesinibição comunicativa autoral, podemos destacar a teática da verbetografia continuada, auxiliando no desenvolvimento da autodesassedialidade intelectual ascendente, a partir da aplicação da *técnica da autexposição gradual programada.* (V. cap. *Continuísmo Conscienciográfico*).

Compartilhamento. Mediante a *Taristicologia,* o autenfrentamento autoral ocorre quando a conscin opta pela saída da condição de mera detentora para a condição de produtora de conhecimento útil (autexperiências sedimentadas)[2].

---

1 Lopes, T.; *Exotericidade;* verbete.

2 Vieira, W.; *Partilha do Saber;* verbete.

Grafotares. A teática grafotarística visa, portanto, evitar a retenção do próprio patrimônio intelectual holobiográfio e promover a distribuição fraterna das conquistas cognitivas pessoais a partir da tarefa do esclarecimento.

Autorresponsabilidade. Levando em consideração os *efeitos do Curso Intermissivo* (CI) na qualificação interassistencial da intelectualidade multiexistencial (*modus vivendi* intelectual) e a necessidade de distribuição da paracognição, a conscin intermissivista lúcida busca conjugar o abertismo para a captação neoideativa à transformação dos neoconstructos acessados em obras de assistência tarística. Contudo, vale ressaltar o fato de todo texto ter sempre como consequência final a responsabilidade intelectual, mentalsomática, do redator ou redatora.

Indicador. Tendo em vista a *Conscienciometrologia,* a assistência tarística atacadista pode ser mensurada pela produtividade conscienciográfica, compartilhamento dos achados pesquisísticos e exposição das autorrealidades evolutivas depois de construídas com autoridade vivencial. (V. cap. *Autoconscienciometria Conscienciográfica*).

Desperticidade. A conscienciografia interassistencial pode ainda predispor a conscin intermissivista a alcançar a autodesperticidade por meio de, no mínimo, 8 condições evolutivas, dispostas na ordem alfabética:

1. **Autopesquisologia:** ampliação autocognitiva (autopesquisas técnicas).
2. **Interaciologia:** atacadismo tarístico (interatividade).
3. **Interassistenciologia:** convívio pacífico com a pressão extrafísica das consciexes assistidas (tara parapsíquica)[1].
4. **Mentalsomatologia:** ampliação da mentalsomaticidade (racionalidade).

---

[1] Vieira, W.; *Tara Parapsíquica;* verbete.

5. **Ortopensenologia:** autorreeducação pensênica (autorreflexões técnicas).

6. **Paraconexiologia:** *link* regular a holopensenes homeostáticos (evocações salutares).

7. **Parapercepciologia:** desenvolvimento do parapsiquismo intelectual (paracaptação de ideias).

8. **Taristicologia:** aprimoramento da argumentação cosmoética (didática).

A *CONSCIENCIOGRAFIA LIBERTADORA,* ***PAUTADA NA TEÁTICA DAS AUTORRECICLAGENS E INTERASSISTÊNCIA TARÍSTICA, DESENVOLVE A FUTURA CONDIÇÃO DE*** *CONSCIEX AMPARADORA.*

Questionamento. Você, leitor ou leitora, aplica a *técnica da conscienciografia libertadora* a favor de todas as consciências? Quais contribuições conscienciográficas tem empreendido visando a auto e heterolibertação consciencial?

VIII. CONSCIENCIOGRAFOMETRIA

Definição. A *conscienciografometria* é o estudo métrico ou avaliação a partir da análise dos textos pessoais ou alheios, fundamentados no paradigma consciencial tarístico[1].

Sinonímia: 1. Conscienciometria conscienciográfica. 2. Análise conscienciométrica de gescons. 3. Pesquisa conscienciométrica autoral. 4. Mapeamento consciencial conscienciográfico. 5. Medida conscienciométrica de gescons. 6. Investigação conscienciométrica conscienciográfica. 7. Avaliação consciencial conscienciográfica. 8. Estilometria conscienciográfica.

Antonímia: 1. Desinteresse pesquisístico conscienciográfico. 2. Ignorância autoral. 3. Grafoproexometria.

Ortopensatologia. Eis 3 ortopensatas, citadas na ordem alfabética, pertinentes ao tema:

1. "**Autorado.** O **livro** exibe a nudez da conscin autora, sempre visível a quem sabe ler nas entrelinhas do texto"[2].

2. "**Autoradologia.** Qualquer **redação** denuncia a conscin autora. Examinando os textos acuradamente, por menores que sejam, é possível se identificar a personalidade da conscin autora"[2].

3. "**Materpensene.** Onde podemos identificar melhor o materpensene de uma pessoa é em seus **escritos**"[2].

Pensenidade. Sob a ótica da *Autopensenologia,* a escrita em geral, e especialmente a conscienciológica, pode ser considerada retrato fiel da pensenidade do autor ou autora, evidenciada na análise do conjunto das obras grafadas (materpensene autoral)[3 4].

Aferição. Atinente à *Experimentologia,* a checagem conscienciografométrica das publicações de determinada conscin ou grupo

[1] Lopes, T.; *Autoconscienciometria Conscienciográfica;* verbete.
[2] Vieira, W.; *Léxico de Ortopensatas;* 2019; p. 275, 278 e 1.228.
[3] Manfroi, E.; *Materpensene Autoral;* verbete.
[4] Kunz, G.; *Manual do Materpensene;* 2016; p. 81 e 85.

possibilita especificar as diretrizes gesconológicas (priorizações) e indicadores qualimétricos grafotarísticos.

Publicações. A abrangência da produção escrita pode facilitar a consciencíografometria, pela amplitude analítica possibilitada pelo acervo bibliográfico diversificado disponibilizado[1] [2].

Autoprodutividade. A produmetria conscienciográfica quantifica, avalia, determina, matematiza, mede ou mensura a eficiência, eficácia e rendimento da autoprodutividade na escrita conscienciológica fundamentada no paradigma consciencial[3].

Resultados. Com base no levantamento dos produtos mentaissomáticos publicados pela conscin autora é possível verificar, ao menos, 8 realidades, listadas na ordem alfabética:

1. **Aproveitamento:** a aplicação do tempo útil pessoal na escrita conscienciológica.
2. **Autonomia:** o nível de autossustentação energética no labor autoral.
3. **Autopesquisa:** a valorização dos neoachados pesquisísticos.
4. **Desempenho:** o traquejo na produção de obras úteis.
5. **Efetividade:** o confronto realístico entre os esforços intelectivos empreendidos e os resultados alcançados.
6. **Enfrentamento:** a ultrapassagem dos gargalos autorais improdutivos[4].
7. **Identificação:** a localização na *Escala dos Autores Mentaissomáticos*[5].
8. **Teaticidade:** o nível de teática gesconológica, verbetológica e neoverponológica.

---

[1] Ferraro, C.; *Técnica da Pontoação;* verbete.
[2] Lopes, A.; *Inventário de Gescons;* verbete.
[3] Lopes, T.; *Produmetria Conscienciográfica;* verbete.
[4] Rezende, R.; *Flexibilidade Autopensênica Conscienciográfica;* verbete.
[5] Vieira, W.; *Escala dos Autores Mentaissomáticos;* verbete.

Utilidade. Dentre os benefícios de aferir o nível da própria produção escrita, podemos destacar a manutenção, qualificação e ampliação da autoprodutividade consciencíográfica. (V. Cap. *Continuísmo Conscienciográfico*).

Pontoações. No universo da *Autodesempenhologia,* eis, em ordem alfabética, 15 elementos para a análise da produmetria conscienciográfica da pesquisadora ou pesquisador interessado:

01. **Ano.** A quantidade de produções conscienciográficas publicadas anualmente.

02. **Data.** As datas de publicação dos textos conscienciológicos pessoais.

03. **Decênio.** O balanço decenal das produções conscienciográficas publicadas.

04. **Edição.** As edições, reimpressões e tiragens das publicações.

05. **Especialidade.** As especialidades conscienciológicas dos textos publicados.

06. **Horas.** A quantidade média de horas despendidas na escrita de cada produto conscienciográfico publicado.

07. **Idade.** A idade do(a) autor(a) na data de publicação de cada obra.

08. **Intervalo.** O intervalo de tempo de publicação entre as produções conscienciográficas pessoais.

09. **Modalidade.** As modalidades de escrita conscienciológica empreendidas.

10. **Neoverpons.** A compilação das neoverpons descobertas e divulgadas.

11. **Páginas.** A quantidade total de páginas dos produtos conscienciográficos publicados.

12. **Produtos.** A listagem das produções conscienciográficas pessoais.

13. **Tempo.** A mensuração diária, semanal, mensal, semestral e anual de tempo dedicado à escrita conscienciológica.

14. **Veículo.** A quantidade de publicações por veículo de disseminação da informação conscienciológica.

15. **Voluntariado.** A quantidade de produtos conscienciográficos publicados ao longo dos anos de voluntariado conscienciológico.

Reverberação. Pelos conceitos da *Bibliometria,* é possível mensurar o fator de impacto de determinada publicação e / ou autor(a), ao avaliar o número de citações aos textos produzidos, indicando o *efeito halo das ideias veiculadas*[1].

Produmetria. Além do exposto, também é possível analisar a produtividade gesconológica de determinado grupo de pesquisadores, tanto em relação ao quantitativo de produções, quanto aos temas publicados de modo mais recorrente (qualitativo), indicando a prioridade gesconográfica grupal[2 3].

***A** RETROSPECTIVA DAS PRÓPRIAS PRODUÇÕES CONSCIENCIOGRÁFICAS **POSSIBILITA AO AUTOR OU AUTORA O PLANEJAMENTO DAS FUTURAS GESCONS** (PROSPECTIVA GESCONOLÓGICA).*

Medida. Conforme a *Conscienciometrologia,* é possível medir a qualidade da manifestação consciencial pela produção conscienciográfica a partir de, ao menos, 15 variáveis, listadas na ordem alfabética:

---

[1] Mugnaini, R.; Fujino, A.; & Kobashi, N. Y.; Orgs.; *Bibliometria e Cientometria no Brasil;* 2017; p. 91 a 100.

[2] Buononato, F.; *Produção e Produtividade Gesconológica;* artigo; *Scriptor;* 2017; p. 61 a 66.

[3] Souza, P.; *Pesquisa Neoenciclopédica a partir das Especialidades Conscienciológicas;* artigo; *Neologus;* 2019; p. 155 a 168.

01. **Autexpositividade:** o *nível* de abertismo e autenticidade autoral cosmoética[1]. (V. Cap. *Conscienciografia Libertadora*).

02. **Autocientificidade:** o *nível* de aprofundamento autopesquisístico.

03. **Autodesassedialidade:** o *nível* de autodesassédio autoral[2].

04. **Autoortopensenidade:** o *nível* de autorretilinearidade pensênica[3].

05. **Autoparaperceptibilidade:** o *nível* de autoparapsiquismo intelectual[4].

06. **Comunicalidade:** o *nível* de familiaridade com a escrita.

07. **Conformaticidade:** o *nível* de qualificação evolutiva do conteúdo acima da beleza da forma das próprias ideias.

08. **Hiperacuidade:** o *nível* de recuperação de cons magnos[5].

09. **Objetividade:** o *nível* de antiprolixidade[6].

10. **Originalidade:** o *nível* da verponogenia reeducativa[7].

11. **Ortografopensenidade:** o *nível* de cosmoética das ideias publicadas[8].

12. **Prioridade:** o *nível* de *inteligência evolutiva* pessoal expressa na priorização gesconográfica.

13. **Produtividade:** o *nível* de autoliderança mentalsomática.

14. **Profundidade:** o *nível* de consistência, fundamentação teórica e informatividade dos próprios textos.

15. **Tecnicidade:** o *nível* de aplicação eficiente do instrumental grafotécnico[9].

---

1 Lopes, T.; *Autexposição Conscienciográfica;* verbete.
2 Arakaki, K.; *Autodesassédio Autoral;* artigo; *Scriptor;* 2010; p. 29 a 54.
3 Lopes, T.; *Interação Organização Pensênica–Conscienciografia;* verbete.
4 Vieira, W.; *Parapsiquismo Intelectual;* verbete.
5 Vieira, W.; *Autorrecuperação dos Megacons;* verbete.
6 Vernet, O.; *Antiprolixidade;* verbete.
7 Fernandes, P.; *Verponografia;* verbete.
8 Teles, M.; *Ortografopensenidade;* verbete.
9 Lopes, T.; *Técnica Conscienciográfica;* verbete.

Caracterologia. Tendo em vista a *Conscienciografologia,* eis, na ordem alfabética, pelo menos 15 especialidades conscienciológicas pertinentes à autopesquisa das características explicitadas nos textos publicados:

01. **Conformatologia:** o confor personalíssimo; a paciência redacional do autor.

02. **Criticologia:** as recorrências nos *feedbacks* de heterorrevisões textuais.

03. **Estilisticologia:** o viés literário implícito nos textos de caráter científico; o tom filosófico; a estilística gráfica, de alto critério de regularidade, padrão e uniformidade sistemática com rigor racionalístico capaz de evidenciar a anticonflituosidade da conscin autora[1].

04. **Interassistenciologia:** a identidade interassistencial conscienciográfica; o aprendizado autopesquístico compartilhado na gesconografia contínua.

05. **Lexicologia:** o polineuroléxico individual; a preferência pelas palavras-síntese sesquipedais; as figuras de linguagem mais usadas; os aforismo prediletos; as recorrências lexicais; a utilização autoconsciente de expressões e vocábulos terapêuticos.

06. **Megafocologia:** o megafoco consciencial gesconológico (*leitmotiv* autoral).

07. **Mentalsomatologia:** a matriz cognitiva; a bagagem intelectual; o autodidatismo autoral; o diletantismo mentalsomático.

08. **Parageneticologia:** as singularidades conscienciográficas; a autodileção grafopensênica manifesta; os critérios conscienciográficos personalíssimos; a conteudística preferencial; a autopredileção temática; a auto-herança intelectual.

09. **Parapatologia:** as ignorâncias intelectuais explicitadas pelos equívocos, imaturidades e omissões deficitárias; a superficialidade gramaticológica explicitada pela negligência quanto ao uso de parasitas de linguagem, expressões inconvenientes e cacófatos; as lacunas no

---

[1] Vieira, W.; *Dicionário de Argumentos da Conscienciologia;* 2014; p. 419.

autoneuroléxico; o ato de se inibir, deixar de escrever e / ou retardar as autopublicações por não desejar se expor.

10. **Parapoliticologia:** a ideologia pessoal (ideias defendidas)[1].

11. **Perfilologia:** o exame do perfil autoral pela análise das produções conscienciográficas pessoais.

12. **Pesquisologia:** as especialidades conscienciológicas pessoais; as linhas pesquisísticas desenvolvidas; o nicho autopesquisístico gesconográfico.

13. **Tematologia:** os ganchos temáticos; os temas recorrentes publicados; a identidade autoral delineada pelos temas publicados[2].

14. **Temperamentologia:** o temperamento balizador dos discursos autorais; os componentes inescondíveis do autotemperamento da conscin autora[3].

15. **Verbetologia:** o exemplário verbetológico pessoal; as seções verbetográficas preferenciais; as singularidades verbetográficas pessoais; a metanálise dos 50 ou mais verbetes do mesmo redator[4].

O TEXTO REVELA A *ESSÊNCIA CONSCIENCIAL* ***E POSSIBILITA O*** *DETALHAMENTO CONSCIENCIOMÉTRICO* ***DA IDENTIDADE INTERASSISTENCIAL NORTEADORA DAS*** *AUTOPUBLICAÇÕES.*

Questionologia. Você, leitor ou leitora, já aplicou a *técnica da conscienciometria conscienciográfica?* Qual o diagnóstico obtido? Quais os resultados assistenciais alcançados?

[1] Paro, D.; *Retrodiscurso Seriexológico;* verbete.

[2] Lopes, T.; *Gancho Temático Intertextual;* verbete.

[3] Ribeiro, L.; *Conscienciografograma;* artigo; *Scriptor;* 2014; p. 3 a 19.

[4] Lopes, A.; *Autorrepertório Verbetográfico;* verbete.

Considerações Finais

Avanço. Pela *Evoluciologia,* a teática da consciencigrafia está diretamente relacionada à evolutividade da conscin intermissivista, tendo em vista auxiliar na elaboração, autorreflexão, autocompreensão e registro dos autaprimoramentos conscienciais a partir dos autesforços, além de abarcar, pelo menos, 10 aspectos analisados ao longo da presente obra:

01. **Amparologia:** a interação multidimensional com equipex especializada na materialização de neoverpons conscienciológicas; o exercício da função amparadora na prática revisional.

02. **Autoparageneticologia:** o enriquecimento da paragenética pessoal a partir dos traços e atributos conscienciais aprimorados pela teática da escrita tarística.

03. **Autorganizaciologia:** a sistematização do conhecimento a ser transmitido; o autesforço pela acabativa dos projetos autorais; a priorização do continuismo consciencigráfico.

04. **Autorrevezamentologia:** os rastros textuais, frutos das autopesquisas, deixados na intrafisicalidade visando o futuro acesso e acréscimo autocognitivo.

05. **Holocarmologia:** as autorretratações quanto a ideias anacrônicas defendidas no passado holobiográfico; o atendimento às antigas vítimas de lavagens cerebrais perpetradas; a melhoria da *Ficha Evolutiva Pessoal* (FEP) por meio das obras publicadas.

06. **Intermissiologia:** a assunção da condição de intermissivista e da autorresponsabilidade de publicar neoverpons conscienciológicas; a auto-habilitação para atuar na condição de amparador extrafísico dos leitores pósteros.

07. **Lucidologia:** a recuperação de cons magnos; a autoconscientização quanto aos temas prioritários a serem aprofundados e publicados.

08. **Mentalsomatologia:** o autodesassédio mentalsomático enquanto causa e efeito da teática grafotarística; o autaprimoramento da própria capacidade de uso do paracérebro.

09. **Parapercepciologia:** a autoconscientização multidimensional quanto às evocações e interações decorrentes dos temas das obras escritas; a busca pela melhoria do autoparapsiquismo intelectual visando alcançar a teática da pangrafia.

10. **Proexologia:** os encaminhamentos proexológicos necessários para a vivência continuada da escrita tarística; a identificação da própria condição de grafoproexista e dos paradeveres decorrentes.

Questionamento. A partir de tais reflexões, vale a pena questionar: existem proéxis nas quais não esteja prevista a publicação de obras tarísticas? É possível encontrar intermissivistas sem cláusulas, no mandato existencial, referentes à escrita esclarecedora? É condição *sine qua non* ao completismo existencial a produção de gescons gráficas?

Implementação. No âmbito da *Autopesquisologia,* a autoinvestigação é imprescindível para a conscin intermissivista saber quais as autoprioridades evolutivas a serem empreendidas nesta existência. Entretanto, não basta apenas autolucidez dessa necessidade, é preciso efetivamente realizar tais empreendimentos.

Materialidade. Do mesmo modo, a autopesquisa é essencial para a autoconscientização quanto aos temas prioritários a serem desenvolvidos. Contudo, sem a transformação desses achados pesquisísticos em obras publicadas, não se completa o *ciclo autocognitivo.* Além disso, não se prepara o futuro aproveitamento desses frutos neoideativos pelo enriquecimento da paragenética pessoal, pelo exercício intermissiológico da função amparadora e pela continuidade autoinvestigativa em existência intrafísica vindoura.

Fardo. Apesar do exposto, é necessário esclarecer: a publicação de obra sob a ótica do paradigma consciencial não pode ser ato peno-

so, o qual a conscin intermissivista se obriga a produzir. A escrita conscienciológica é, antes de tudo, fruto da necessidade evolutiva surgida na intraconsciencialidade, a partir das próprias singularidades.

Ultrapassagem. Quando ocorre o autesclarecimento quanto ao motivo condutor gerando o interesse de se publicar temáticas úteis à própria consciência, torna-se mais factível ultrapassar os obstáculos inerentes ao processo de publicação conscienciológica.

Descobertas. De acordo com a *Heuristicologia,* a pesquisa conscienciografológica encontra-se, ainda, em estágio inicial (Ano-base: 2022). Falta muito a aprofundar para o amplo entendimento das múltiplas variáveis e decorrências evolutivas da escrita tarística.

Gescons. Faço votos de ampliação, cada vez maior, de publicações esclarecedoras de intermissivistas lúcidos, tanto quantitativa quanto qualitativamente. Assim como, do avanço na gestação de obras capazes de contribuirem com o desenvolvimento da Conscienciografologia.

A *INTERASSISTENCIALIDADE INTERPARES GRAFOTARÍSTICA* ***TORNA-SE INDISPENSÁVEL AO AVANÇO EVOLUTIVO DOS INTERMISSIVISTAS, EM VISTA DAS*** *OBRIGAÇÕES PROEXOLÓGICAS INDESCARTÁVEIS*.

A Autora

Filmografia Específica

1. ***Balzac e a Costureirinha Chinesa.*** **Título Original:** *Xiao cai feng.* **País:** França; & China. **Data:** 2002. **Duração:** 110 min. **Gênero:** Biografia, Drama e Romance. **Idade (censura):** 16 anos. **Idioma:** Mandarim, Francês. **Cor:** Colorido. **Legendado:** Inglês; & Português (em DVD). **Direção:** Sijie Dai. **Elenco:** Xun Zhou; Ye Liu; Kun Chen; Shuangbao Wang; Zhijun Cong; Hongwei Wang; Xiong Xiao; Zuohui Tang; Wei Chen; & Tianlu Chen. **Produção:** Lise Fyolle. **Desenho de Produção:** Juiping Cao. **Roteiro:** Sijie Dai; & Nadine Perront. **Música:** Pujian Wang. **Montagem:** Luc Barnier; & Julia Gregory. **Figurino:** Huamiao Tong. **Companhia:** StudioCanal; France 3 Cinéma; Les Films de la Suane; & TF1 Films Production. **Sinopse:** Luo (Chen Kun) e Ma (Liu Ye) são dois jovens de 17 anos. Em plenos anos 70, vivem na China comandada por Mao Tsé-Tung. Os dois são encarados como inimigos do povo por serem considerados burgueses reacionários e encaminhados a "campo de reeducação", em vila isolada no Tibet. Todos os livros de Luo são queimados. No campo, apenas encontram alívio quando conhecem a costureirinha (Zhou Xun) a qual lhes revelar precioso tesouro: livros considerados subversivos de autoria de Flaubert, Tolstói, Victor Hugo e Balzac.

2. ***Escritores da Liberdade.*** **Título Original:** *Freedom Writers.* **País:** Alemanha; & EUA. **Data:** 2007. **Duração:** 123 min. **Gênero:** Drama. **Idade (censura):** 12 anos. **Idioma:** Inglês. **Cor:** Colorido. **Legendado:** Inglês; & Português (em DVD). **Direção:** Richard LaGravenese. **Elenco:** Hilary Swank; Patrick Dempsey; Scott Glenn; Imelda Staunton; & April L. Hernandez. **Produção:** Danny DeVito; Michael Shamberg; Stacey Sher; & Hilary Swank (produtora executiva). **Desenho de Produção:** Laurence Bennett. **Direção de Arte:** Peter Borck. **Roteiro:** Richard LaGravenese, baseado no livro *The Freedom Writers Diary: How a Teacher and 150 Teens Used Writing to Change Themselves and the World Around Them* de Freedom Writers e de Erin Gruwell. **Fotografia:** Jim Denault. **Música:** Mark Isham. **Montagem:** David Moritz. **Cenografia:** Mike Malone. **Efeitos Especiais:** Engine Room; Lola Visual Effects; & Pacific Title and Art Studio. **Companhia:** Paramount Pictures; Double Feature Films; MTV Films; Jersey Films; & Kernos Filmproduktionsgesellschaft & Company. **Outros dados:** Filme baseado em fatos. **Sinopse:** Jovem professora, em ambiente escolar conturbado, tenta inspirar alunos a aprender mais sobre tolerância, valorizar a si mesmos e a dar continuidade aos estudos.

3. ***O Escafandro e a Borboleta.*** **Título Original:** *Le Scaphandre et le Papillon.* **País:** França; & EUA. **Data:** 2007. **Duração:** 112 min. **Gênero:** Biografia; & Drama. **Idade (censura):** 13 anos. **Idioma:** Francês. **Cor:** Colorido. **Direção:** Julian Schnabel. **Elenco:** Mathieu Amalric; Emmanuelle Seigner; Marie-Josée Croze; Anne Consigny; Patrick Chesnais; Niels Arestrup; Olatz López Garmendia; Jean-

Pierre Cassel; Marina Hands; & Max Von Sydow. **Produção:** Kathleen Kennedy; & Jon Kilik. **Desenho de Produção:** Michel Eric; & Laurent Ott. **Música:** Paul Cantelon. **Figurino:** Olivier Bériot. **Edição:** Juliette Welfling. **Distribuição:** Europa Filmes. **Outros dados:** Vencedor do Globo de Ouro de Melhor Direção e Melhor Filme Estrangeiro. Vencedor do Bafta de Melhor Roteiro Adaptado. **Sinopse:** Conta a história real de Jean-Dominique Bauby, o poderoso editor da revista Elle, após sofrer derrame cerebral devastador aos 43 anos. Aprende a se comunicar piscando letras do alfabeto e forma palavras, frases e até parágrafos. Comunicando-se com o movimento de único olho, usa a imaginação e memória e escreve livro.

4. ***Redenção.*** **Original:** *Redemption: The Stan Tookie Williams Story.* **País:** EUA. **Data:** 2004. **Duração:** 95 min. **Gênero:** Drama. **Idade (censura):** 16 anos. **Idioma:** Inglês. **Cor:** Colorido. **Legendado:** Espanhol; Inglês; & Português (em DVD). **Direção:** Vondie Curtis-Hall. **Elenco:** Jamie Foxx; Lynn Whitfield; Lee Thompson Young; Brenden Richard Jefferson; Brenda Bazinet; Wes Williams; Greg Ellwand; Barbara Barnes-Hopkins; Ton Barnett; David Fraser; Vibert Cobham; Marcus Johnson; Garfield Williams; Alison MacLeod; Derek Keurvorst; & C. C. H. Pounder. **Produção:** Sue Bugden. **Co-produção:** Barbara Becnel. **Desenho de Produção:** David Hackl. **Edição & Montagem:** Terilyn A. Shropshire. **Roteiro:** J. T. Allen. **Fotografia:** David Greene, C. S. C. **Música:** Terence Blanchard. **Companhia:** California Filmes. **Sinopse:** Drama baseado na história real de Stan "Tookie" Williams, fundador em Los Angeles da gangue de rua Crips, ao aguardar a execução no corredor da morte dedicando-se a parar a violência cuja origem ele próprio foi responsável. Através da escrita de série de livros infanto-juvenis, Tookie tenta manter as crianças e jovens longe da violência das gangues. Tal trabalho lhe confere indicações para os Prêmios Nobel da Paz e de Literatura.

Bibliografia Específica

01. **Almeida,** Julio; ***Qualificação Autoral: Aprofundamento na Escrita Conscienciológica;*** pref. Rosemary Salles; revisores Giséllle Razera; *et al.;* 312 p.; 9 seções; 60 caps.; 23 *E-mails;* 210 enus.; 64 estrangeirismos; 1 foto; 1 microbiografia; 1 tab.; 20 *websites;* glos. 170 termos; 25 filmes; 308 refs.; alf.; 21 x 14 cm; br.; *Associação Internacional Editares;* Foz do Iguaçu, PR; 2014; páginas 63 a 65, 105 a 113, 147 a 159, 160 a 162, 164, 218 a 224, 228, 229, 239 e 240.

02. **Arakaki,** Kátia; ***Autodesassédio Autoral;*** artigo; *Scriptor;* Revista; Anual; Ano 1; N. 1; 32 enus.; 1 tab.; 76 refs.; *União Internacional de Escritores da Conscienciologia* (UNIESCON); Foz do Iguaçu, PR; 2010; páginas 29 a 54.

03. **Arakaki,** Kátia; & **Daou,** Dulce; ***Grafotécnicas Conscienciológicas;*** artigo; *Scriptor;* Revista; Anual; Ano 7; N. 7; 4 enus.; 3 refs.; *União Internacional de Escritores da Conscienciologia* (UNIESCON); Foz do Iguaçu, PR; 2016; páginas 74 a 79.

04. **Bauby,** Jean-Dominique; ***O Escafandro e a Borboleta*** *(Le Scaphandre et le Papillon);* tradução Flávia Villas-Boas; 128 p.; 28 caps; enc.; 20,8 x 13,8 cm; 3ª Ed.; *Martins Fontes;* São Paulo, SP; 2014; páginas 12 a 120.

05. **Buononato,** Flávio; ***Produção e Produtividade Gesconológica;*** artigo; *Scriptor;* Revista; Anuário; Ano 8, N. 8; 1 *E-mail;* 11 enus.; 1 minicurrículo; 4 refs.; *União Internacional de Escritores da Conscienciologia* (UNIESCON); Foz do Iguaçu, PR, 2017; páginas 61 a 66.

06. **Daou,** Dulce; ***Paraposfácio: Tares Autoconscienciográfica;*** artigo; *Scriptor;* Revista; Anuário; Ano 1; N. 1; 1 citação; 1 *E-mail;* 7 enus.; 1 minicurrículo; 11 refs.; *União Internacional de Escritores da Conscienciologia* (UNIESCON); Foz do Iguaçu, PR; 2010; páginas 72 a 78.

07. **Fernandes,** Pedro; & **Nahas,** Jacqueline; Orgs.; ***Homo Lexicographus: A Saga Intelectual de Émile Littré na Escrita do Dicionário da Língua Francesa;*** trad. Jacqueline Nahas & Michèle Nahas Portela; revisores Ana Flávia Magalhães *et al.;* 304 p.; 6 caps.; 27 *E-mails;* 11 enus.; 25 foto; 52 ilus.; 2 mapas; 1 microbiografia; 36 tabs.; 15 *websites;* 214 notas; 42 refs.; 11 webgrafias; alf.; ono.; *Associação Internacional Editares;* Foz do Iguaçu, PR; 2017; páginas 22 a 63.

08. **Kunz,** Guilherme; ***Manual do Materpensene: A Síntese da Consciência;*** pref. Nara Oliveira; revisores João Paulo Costa; *et al.;* 150 p.; 5 seções; 24 caps; 24 *E-mails;* 1 minicurrículo; 138 enus.; 6 esquemas; 15 figuras; 1 fluxograma; 2 fórmulas; 1 foto; 3 ilus.; 3 tabs.; glos. 72 termos; 31 refs.; alf.; 36 *websites;* 23 x 16 cm; br.; *Associação Internacional Editares;* Foz do Iguaçu, PR; 2016; páginas 81 e 85.

09. **Lopes,** Tatiana; ***Bastidores da Conscienciografia;*** artigo; *Scriptor;* Revista; Anuário; Vol. 9; N. 9; 1 *E-mail;* 8 enus.; 13 refs.; Foz do Iguaçu, PR; 2018; páginas 70 a 76.

10. **Idem;** ***Interação Evolutiva entre Autor e Leitor;*** artigo; *Scriptor;* Revista; Anuário; Vol. 8; N. 8; 1 *E-mail;* 5 enus.; 11 refs.; *União Internacional de Escritores da Conscienciologia* (UNIESCON); Foz do Iguaçu, PR; 2017; páginas 53 a 60.

11. **Idem;** ***Técnica da Complementariedade Verbetorado–Autorado Conscienciológico;*** artigo; *Scriptor,* Revista; Anuário; Seção: *Grafotécnica;* Ano 9, N. 9; 1 *E-mail;* 4 enus.; 1 minicurrículo; 1 questionário; 4 refs.; *União Internacional de Escritores da Conscienciologia* (UNIESCON); Foz do Iguaçu, PR, 2018; páginas 91 a 93.

12. **Lopes,** Tatiana; & **Tenius,** Beatriz; ***Autopesquisa Conscienciológica: Práticas e Ferramentas;*** revisores Eliana Manfroi; *et al.;* 194 p.; 2 partes; 10 caps.; 25 *E-mails;* 89 enus.; 2 fotos; 2 microbiografias; 1 tab.; 30 *websites;* 131 refs.; 6 webgrafias; alf.; 23 x 15 cm; br.; *Associação Internacional Editares;* Foz do Iguaçu, PR; 2020; páginas 143 a 145.

13. **Mugnaini,** Rogério; **Fujino,** Asa; & **Kobashi,** Nair Yumiko; Orgs.; ***Bibliometria e Cientometria no Brasil: infraestrutura para avaliação da pesquisa científica na Era do Big Data = Bibliometrics and Scientometrics in Brazil: scientific research assessment infrastructure in the Era of Big Data;*** tradução Carolina de Góes; 218 p.; 6 caps; enc.; *Escola de Comunicação e Artes* (ECA); & *Universidade de São Paulo* (USP); São Paulo, SP; 2017; páginas 91 a 100; ed. bilíngue (ing. e port.).

14. **Nader,** Rosa; ***Aspectos da Coerência Grafopensênica: Requisitos na Tares Conscienciológica;*** artigo; *Conscientia;* Revista; Mensário; Vol. 11; N. 3; Seção: *Temas da Conscienciologia;* 1 *E-mail;* 23 enus.; 4 técnicas; 1 nota; 7 refs.; Foz do Iguaçu, PR; Julho-Setembro, 2007; páginas 189 a 198.

15. **Idem;** Org.; ***Manual de Verbetografia da Enciclopédia da Conscienciologia;*** apres. Dulce Daou; revisores Ulisses Schlosser; Erotides Louly; & Helena Araújo; 392 p.; 5 seções; 10 caps.; 21 *E-mails;* 464 enus.; 4 fichários; 1 foto; 18 minicurrículos; 9 tabs.; 263 verbetes chaves; 19 *websites;* 64 refs.; 11 webgrafias; 1 anexo; alf.; 28 x 21 cm; br.; *Associação Internacional Editares;* Foz do Iguaçu; 2012; páginas 17 a 376.

16. **Puchner,** Martin; ***O Mundo da Escrita: Como a Literatura transformou a Civilização*** *(The Written World: The Power of Stories to Shape People, History, Civilization);* tradução Pedro Maia Soares; revisores Angela das Neves; & Carmen T. S. Costa; 455 p.; 73 fotos; 3 mapas; 1 microbiografia; 5 *websites;* enc.; 18 x 12,5 cm; *Companhia das Letras;* São Paulo, SP; 2019; páginas 9 a 388.

17. **Ribeiro,** Luciana; ***Conscienciografograma;*** artigo; *Scriptor;* Revista; Anuário; Ano 5; N. 5; 1 *E-mail;* 6 enus.; 1 minicurrículo; 1 questionário; 7 tabs.; *União Internacional de Escritores da Conscienciologia* (UNIESCON); Foz do Iguaçu, PR; 2014; páginas 3 a 19.

18. **Salles,** Rosemary; ***Parapsiquismo Conscienciográfico;*** artigo; *Scriptor;* Revista; Anuário; Ano 2; N. 2; 1 *E-mail;* 9 enus.; 1 minicurrículo; 4 refs.; *União Internacional de Escritores da Conscienciologia* (UNIESCON); Foz do Iguaçu, PR; 2011; páginas 12 a 18.

19. **Souza,** Paula; ***Pesquisa Neoenciclopédica a partir das Especialidades Conscienciológicas;*** artigo; *II Encontro de Enciclopedistas da Conscienciologia: Gruporrevezamentologia Neoenciclopédica; Auditorium,* CEAEC; Foz do Iguaçu, PR; 17-18.08.19; *NEOLOGUS – Revista Científica da ENCYCLOSSAPIENS;* Vol. 2; Ano 2; N. 2; Seção: *Mesa de Debates;* 3 enus.; 2 quadros de especialidades; 2 tabs.; 5 refs.; *Associação Internacional de Enciclopediologia Conscienciológica* (ENCYCLOSSAPIENS); Foz do Iguaçu, PR; Agosto, 2019; páginas 155 a 168.

20. **Teles,** Mabel; ***Estilo Grafopensênico Esclarecedor;*** artigo; *Scriptor;* Revista; Anuário; Ano 2; N. 2; 1 *E-mail;* 6 enus.; 1 minicurrículo; 4 refs.; *União Internacional de Escritores da Conscienciologia* (UNIESCON); Foz do Iguaçu, PR; 2011; páginas 3 a 6.

21. **Thomaz,** Marina; & **Pitaguari,** Antonio; ***Redação e Estilística Conscienciológica*** (Inclui 2 vocabulários: novos termos do acordo ortográfico e neologismos da Conscienciologia discordantes do Português corrente); pref. de Augusto Freire, Cathia Caporali e Eliane Wojslaw, coordenadores do *Conselho Internacional de Neologística* (CINEO); 188 p.; 38 enus.; glos. 1.373 termos; glos. 721 neologismos; 35 refs.; 14 x 21 cm; enc.; 2ª Ed.; *Associação Internacional Editares;* Foz do Iguaçu, PR; 2010; páginas 17 a 180

22. **Vieira,** Waldo; ***Conscienciograma: Técnica de Avaliação da Consciência Integral;*** revisor Alexander Steiner; 344 p.; 150 abrevs.; 106 assuntos das folhas de avaliação; 3 *E-mails;* 11 enus.; 100 folhas de avaliação; 1 foto; 1 microbiografia; 100 qualidades da consciência; 2.000 questionamentos; 100 títulos das folhas de avaliação; 1 *website;* glos. 282 termos; 7 refs.; alf.; 21 x 14 cm; br.; *Instituto Internacional de Projeciologia e Conscienciologia* (IIPC); Rio de Janeiro, RJ; 1996; páginas 144, 145, 158, 159, 167 e 212.

23. **Idem; *Dicionário de Argumentos da Conscienciologia;*** revisores Equipe de Revisores do Holociclo; 1.572 p.; 1 *blog;* 21 *E-mails;* 551 enus.; 1 esquema da evolução consciencial; 18 fotos; glos. 650 termos; 19 *websites;* alf.; 28,5 x 21,5 x 7 cm; enc.; *Associação Internacional Editares;* Foz do Iguaçu, PR; 2014; páginas 40, 163, 171, 210, 229, 256, 289, 314, 322, 361, 418, 419, 422, 423, 449, 516, 714 a 716, 883, 895, 896, 1.036, 1.070, 1.071, 1.150 e 1.368.

24. **Idem; *Dicionário de Neologismos da Conscienciologia;*** organizadora Lourdes Pinheiro; revisores Ernani Brito; *et al.;* 1.072 p.; 1 *blog;* 21 *E-mails;* 4.053 enus.; 1 *facebook;* 2 fotos; glos. 2.019 termos; 14.100 (termos neológicos); 1 listagem de neologismos; 1 microbiografia; 21 *websites;* 61 refs.; 28,5 x 21,5 x 7 cm; enc.; *Associação Internacional Editares;* Foz do Iguaçu, PR; 2014; páginas 12 a 1.055.

25. **Idem; *Homo sapiens reurbanisatus;*** revisores Equipe de Revisores do Holociclo; 1.584 p.; 24 seções; 479 caps.; 139 abrevs.; 12 *E-mails;* 597 enus.; 413 estrangeirismos; 1 foto; 40 ilus.; 1 microbiografia; 25 tabs.; 4 *websites;* glos. 241 termos; 3 infográficos; 102 filmes; 7.665 refs.; alf.; geo.; ono.; 29 x 21 x 7 cm; enc.; 3ª Ed. Gratuita; *Associação Internacional do Centro de Altos Estudos da Conscienciologia* (CEAEC); Foz

do Iguaçu, PR; 2004; páginas 27, 28, 115, 122, 126, 128, 130, 134 a 136, 138, 141, 222 e 357.

26. **Idem; *Léxico de Ortopensatas;*** revisores Equipe de Revisores do Holociclo, *CEAEC & EDITARES;* 3 Vols.; 2.084 p.; Vol. I, II e III; 1 *blog;* 652 conceitos analógicos; 22 *E-mails;* 19 enus.; 1 esquema da evolução consciencial; 17 fotos; glos. 7.518 termos; 1.811 megapensenes trivocabulares; 1 microbiografia; 25.183 ortopensatas; 2 tabs.; 120 técnicas lexicográficas; 19 *websites;* 28,5 x 22 x 13 cm; enc.; 2ª Ed. rev. e aum.; *Associação Internacional Editares;* Foz do Iguaçu, PR; 2019; páginas 275, 276, 278, 279, 514, 759, 761, 902, 1.182, 1.184, 1.228, 1.251, 1.375 e 1.763.

27. **Idem; *Manual de Redação da Conscienciologia;*** revisores Alexander Steiner; *et al.;* 276 p.; 15 seções; 150 caps.; 152 abrevs.; 23 *E-mails;* 54 enus.; 274 estrangeirismos; 30 expressões idiomáticas portuguesas; 1 foto; 60 locuções do idioma espanhol; 85 megapensenes trivocabulares; 1 microbiografia; 30 pesquisas; 6 técnicas; 30 teorias; 8 testes; 60 tipos de artefatos do saber; 60 vozes de animais subumanos; 3 *websites;* glos. 300 termos; 609 refs.; 28 x 21 cm; br.; 2ª Ed. rev.; *Associação Internacional do Centro de Altos Estudos da Conscienciologia* (CEAEC); Foz do Iguaçu, PR; 2002; páginas 59, 60, 82, 156, 196 e 203.

28. **Idem; *Manual dos Megapensenes Trivocabulares;*** revisores Adriana Lopes; Antonio Pitaguari; & Lourdes Pinheiro; 378 p.; 3 seções; 49 citações; 85 elementos linguísticos; 18 *E-mails;* 110 enus.; 200 fórmulas; 2 fotos; 14 ilus.; 1 microbiografia; 2 pontoações; 1 técnica; 4.672 temas; 53 variáveis; 1 verbete enciclopédico; 16 *websites;* glos. 12.576 termos (megapensenes trivocabulares); 9 refs.; 1 anexo; 27,5 x 21 cm; enc.; *Associação Internacional Editares;* Foz do Iguaçu, PR; 2009; páginas 12 a 41 e 178.

Videografia Específica

1. **Canal *YouTube: Tertuliarium. Tertúlia Matinal 237 – Tarefa de Escrita Pessoal (Grafointerassistenciologia).*** **Apresentação:** Sandra Tornieri. **País:** Brasil. **Data:** 14 de mar. de 2021. **Duração:** 1h47. **Idioma:** Português.

Verbetografia Específica

Remissiologia. Eis, em ordem alfabética, listagem contendo 136 verbetes referenciados, utilizados e citados na presente obra. O arquivo das entradas pode ser acessado *online* através do *site encyclossapiens.org* ou pelo atalho *encyclossapiens.space/buscaverbete/.*

N.	Verbete	Verbetógrafo
01	Acabativa Falha	Mabel Teles
02	Adjetivação Tarística	Dulce Daou
03	Administração da Vida Intelectual	Waldo Vieira
04	Alavancagem da Proéxis	Waldo Vieira
05	Alternância de Tarefas	Waldo Vieira
06	Ampliação Cognitiva Conscienciográfica	Tatiana Lopes
07	Ampliação do Acervo de Autocognição	Tatiana Lopes
08	Antiprolixidade	Oswaldo Vernet
09	Aperitivo Intelectual	Waldo Vieira
10	Aproveitamento Autexperimentográfico	Marcelo Cover
11	Associação Didática	Waldo Vieira
12	Autauditoria periódica	Tatiana Lopes
13	Autexposição Conscienciográfica	Tatiana Lopes
14	Autocaptação de Ideias	Kátia Arakaki
15	Autochecagem Indispensável	Waldo Vieira
16	Autoconscienciometria Conscienciográfica	Tatiana Lopes
17	Autocosmovisão Inventarial	Waldo Vieira
18	Autodileção Paragenética	Pedro Fernandes

N.	Verbete	Verbetógrafo
19	Autoevocação	Waldo Vieira
20	Autopesquisa Inarredável	Waldo Vieira
21	Autopesquisologia	Waldo Vieira
22	Autorado Holocármico	Waldo Vieira
23	Autorrecuperação dos Megacons	Waldo Vieira
24	Autorrepertório Verbetográfico	Adriana Lopes
25	Balanço Mentalsomático	Waldo Vieira
26	Bastidores da Conscienciografia	Tatiana Lopes
27	*Binômio Autoconscienciometrologia-Autopesquisologia*	Waldo Vieira
28	Bônus Parapsíquico	Waldo Vieira
29	Caloria Intelectual	Eliana Manfroi
30	Capítulo Introdutório	Tatiana Lopes
31	*Ciclo Tarístico Interdimensional*	Marcelo Cover
32	Coesão Textual	Waldo Vieira
33	Colheita Intermissiva	Waldo Vieira
34	Continuísmo Consciencial	Waldo Vieira
35	Continuísmo Conscienciográfico	Tatiana Lopes
36	Corredor Heurístico	Waldo Vieira
37	Conscienciografia Libertadora	Tatiana Lopes
38	Conscienciografologista	Dulce Daou
39	Cosmossíntese	Waldo Vieira
40	*Crescendo Escriba-Neoverbetógrafo*	Pedro Fernandes
41	*Crescendo Verbete-Livro*	Eliana Manfroi
42	Definologia	Waldo Vieira

N.	Verbete	Verbetógrafo
43	Eclosão Criativa	Waldo Vieira
44	Edição Conscienciográfica	Ernani Brito
45	Enumerologia	Waldo Vieira
46	*Escala dos Autores Mentaissomáticos*	Waldo Vieira
47	Escolha do Título Verbetográfico	Dulce Daou
48	Escrita Precisa	Adriana Lopes
49	Estilo Técnico	Waldo Vieira
50	Evocaciologia	Pedro Fernandes
51	Evocaciologia Conscienciográfica	Tatiana Lopes
52	Exotericidade	Tatiana Lopes
53	Flexibilidade Autopensênica Conscienciográfica	Ricardo Rezende
54	Fórmula Formal	Waldo Vieira
55	Frase Enfática	Waldo Vieira
56	Função do Revisor Conscienciográfico	Tatiana Lopes
57	Gancho Didático	Waldo Vieira
58	Gancho Temático Intertextual	Tatiana Lopes
59	Gescon Atratora	Alexandre Nonato
60	Grafoproéxis	César Machado
61	Grafoproexometrologia	César Machado
62	Grafotécnica da Diversidade Vocabular	Adriana Lopes
63	Incubadora Paratecnológica	Waldo Vieira
64	Infopesquisa Conscienciográfica	Adriana Lopes
65	Intelectualidade Interassistencial	Tatiana Lopes
66	Intencionalidade Continuada	Waldo Vieira

N.	Verbete	Verbetógrafo
67	*Interação Autor-Leitor*	Tatiana Lopes
68	*Interação Conscienciografia–Recuperação de Cons*	Tatiana Lopes
69	*Interação Organização Pensênica–Conscienciografia*	Tatiana Lopes
70	*Interação Tenepes-Escrita*	Jaqueline Vieira
71	Intercessão Grafopensênica	Dulce Daou
72	Interitemização	Waldo Vieira
73	Intervenção Extrafísica	Waldo Vieira
74	Inventário de Gescons	Adriana Lopes
75	Inventariologia	Waldo Vieira
76	Jejunice Conscienciográfica	Ricardo Rezende
77	Latência Grafopensênica	Cristina Bassanesi
78	Leitura Terapêutica	Tatiana Lopes
79	Lexicografia	Pedro Fernandes
80	Linguagem Mentalsomática	Waldo Vieira
81	Linha Ideativa da Pesquisa	Tatiana Lopes
82	Louçania Estilística	Waldo Vieira
83	Matematização do Conceito	Waldo Vieira
84	Maternagem Ideativa	Adriana Lopes
85	Materpensene Autoral	Eliana Manfroi
86	Megafoco Permanente	Waldo Vieira
87	Megapensene Trivocabular	Waldo Vieira
88	Memória Encapsulada	Waldo Vieira
89	Metáfora Técnica	Waldo Vieira

N.	Verbete	Verbetógrafo
90	Metanálise Verbetográfica	Eliana Manfroi
91	Neoescriba Conscienciológico	Eliana Manfroi
92	Neoposicionamento Ideativo	Dulce Daou
93	Onda de Amparo	Kátia Arakaki
94	Ortografopensenidade	Mabel Teles
95	Ortointencionalidade Grafoassistencial	Marcelo Cover
96	Pangrafia Grupocármica	Waldo Vieira
97	Parapsiquismo Intelectual	Waldo Vieira
98	Partilha do Saber	Waldo Vieira
99	Partilha dos Autoneoachados	Málu Balona
100	Picotagem das Ideias	Waldo Vieira
101	Planejamento da Gescon	Alexandre Nonato
102	Ponto de Partida da Gescon	Alexandre Nonato
103	Prioridade da Escrita	Waldo Vieira
104	Produmetria Conscienciográfica	Tatiana Lopes
105	Público-Leitor Intermissivista	Tatiana Lopes
106	Rastro Textual	Waldo Vieira
107	Recexologia Conscienciográfica	Dulce Daou
108	Reescrita Restauradora	Dulce Daou
109	Refinamento Formal	Waldo Vieira
110	Representante Multidimensional	Pedro Borges
111	Retrodiscurso Seriexológico	Denise Paro
112	Ritmo Mentalsomático	Waldo Vieira
113	Sementeira Intrafísica	Waldo Vieira

N.	Verbete	Verbetógrafo
114	*Síndrome da Inércia Grafopensênica*	Cristina Bassanesi
115	*Sinergismo Autopesquisa-Conscienciografia*	Tatiana Lopes
116	*Sinergismo Verbetorado–Autorado Conscienci-ológico*	Tatiana Lopes
117	Subintrância Cronêmica	Waldo Vieira
118	Sublinhamento	Waldo Vieira
119	Taquirritmia Megagescônica	Waldo Vieira
120	Tara Parapsíquica	Waldo Vieira
121	Teatro Conscienciográfico	Dulce Daou
122	*Técnica Conscienciográfica*	Tatiana Lopes
123	*Técnica da Circularidade*	Waldo Vieira
124	*Técnica da Imersão Intelectual*	Adriana Lopes
125	*Técnica da Pontoação*	Cristiane Ferraro
126	*Técnica da Qualificação dos Verbetes*	Waldo Vieira
127	*Técnica da Segunda Redação*	Waldo Vieira
128	*Técnica dos 50 Verbetes*	Eliana Manfroi
129	Tópico Intelectivo	Waldo Vieira
130	Tradução Conscienciográfica	Lygia Decker
131	Traf*or* da Escrita	Eliana Manfroi
132	Turno Intelectual	Waldo Vieira
133	Verbetografia Conscienciológica	Rosa Nader
134	Verbetógrafo Conscienciológico	Leandro Martins
135	Verbetografofilia	Tatiana Lopes
136	Verponografia	Pedro Fernandes

Índice Remissivo

A

B

C

D

E

G

J

M

P

R

T

V

Instituições Conscienciocêntricas

ICs. As *Instituições Conscienciocêntricas* (ICs) são organizações cujos objetivos, metodologias de trabalho e modelos organizacionais estão fundamentados no Paradigma Consciencial. A atividade principal das ICs é apoiar a evolução das consciências através da tarefa do esclarecimento pautada pelas verdades relativas de ponta, encontradas nas pesquisas no campo da Ciência Conscienciologia e especialidades.

Voluntariado. Todas as *Instituições Conscienciocêntricas* são associações independentes, de caráter privado, sem fins de lucro e mantidas predominantemente pelo trabalho voluntário de professores, pesquisadores, administradores e profissionais de diversas áreas.

CCCI. O conjunto das *Instituições Conscienciocêntricas* e dos voluntários da Conscienciologia no planeta compõe a *Comunidade Conscienciológica Cosmoética Internacional* (CCCI) formada atualmente por 25 ICs, incluindo a *União das Instituições Conscienciocêntrias Internacionais* (UNICIN) e a *Associação Internacional Editares.*

AIEC – ASSOCIAÇÃO INTERNACIONAL PARA EXPANSÃO DA CONSCIENCIOLOGIA
Fundação: 22.04.2005
Sede: Av. Felipe Wandscheer, 6.200
Cognópolis, Foz do Iguaçu, PR, Brasil, CEP: 85856-850
Tel.: +55 (45) 2102-1411
Site: www.worldaiec.org
Contato: info@worldaiec.org

APEX – ASSOCIAÇÃO INTERNACIONAL DA PROGRAMAÇÃO EXISTENCIAL
Fundação: 20.02.2007
Sede: Rua da Cosmoética, 1.635, sala 12
Cognópolis, Foz do Iguaçu, PR, Brasil, CEP: 85856-852
Tel.: +55 (45) 2102-1499; +55 (45) 99134-1185

Site: www.apexinternacional.org

Contato: contato@apexinternacional.org

ARACÊ – ASSOCIAÇÃO INTERNACIONAL PARA EVOLUÇÃO DA CONSCIÊNCIA

Fundação: 14.04.2001

Campus ARACÊ: Rota do Conhecimento, Km 7, acesso BR-262, Km 86

Distrito de Aracê, Domingos Martins, ES, Brasil.

Endereço para correspondência: Caixa Postal 110

Pedra Azul, Domingos Martins, ES, Brasil, CEP: 29278-000

Tel.: +55 (27) 99997-3120

Site: www.arace.org

Contato: associacao@arace.org

ASSINVÉXIS – ASSOCIAÇÃO INTERNACIONAL DE INVERSÃO EXISTENCIAL

Fundação: 22.07.2004

Campus de Invexologia: Av. Maria Bubiak, 1.100

Cognópolis, Foz do Iguaçu, PR, Brasil, CEP: 85856-810

Tel.: +55 (45) 3525-0913

Site: www.assinvexis.org

Contato: contato@assinvexis.org

ASSIPI – ASSOCIAÇÃO INTERNACIONAL DE PARAPSIQUISMO INTERASSISTENCIAL

Fundação: 29.12.2011

Sede: Av. Felipe Wandscheer, 6.200, sala 212

Cognópolis, Foz do Iguaçu, PR, Brasil, CEP: 85856-850

Tel.: +55 (45) 2102-1421

Site: www.assipi.com

Contato Sede: assipi@assipi.com

CEAEC – ASSOCIAÇÃO INTERNACIONAL DO CENTRO DE ALTOS ESTUDOS DA CONSCIENCIOLOGIA

Fundação: 15.07.1995

Campus: Rua da Cosmoética, 1.635

Cognópolis, Foz do Iguaçu, PR, Brasil, CEP: 85856-852

Tel.: +55 (45) 2102-1499
Site: www.campusceaec.org
Contato: ceaec@ceaec.org

COMUNICONS – ASSOCIAÇÃO INTERNACIONAL
DE COMUNICAÇÃO CONSCIENCIOLÓGICA
Fundação: 24.07.2005
Sede: Av. Felipe Wandscheer, 6.200, sala 206
Cognópolis, Foz do Iguaçu, PR, Brasil, CEP: 85856-850
Tel.: +55 (45) 98827-5920
Site: www.comunicons.org.br
Contato: comunicons@comunicons.org

CONSCIUS – ASSOCIAÇÃO INTERNACIONAL
DE CONSCIENCIOMETRIA INTERASSISTENCIAL
Fundação: 24.02.2006
Sede: Av. Felipe Wandscheer, 6.200, sala 110
Cognópolis, Foz do Iguaçu, PR, Brasil, CEP: 85856-850
Tel.: +55 (45) 2102-1460
Site: www.conscius.org.br
Contato: conscius@conscius.org.br

CONSECUTIVUS – ASSOCIAÇÃO INTERNACIONAL DE PESQUISAS
SERIEXOLÓGICAS E HOLOBIOGRÁFICAS
Fundação: 14.12.2014
Sede: Av. Felipe Wandscheer, 6.200, casa 351
Cognópolis, Foz do Iguaçu, PR, Brasil, CEP: 85856-850
Telefone: +55 (45) 99121-0717
Site: www.consecutivus.org
Contato: consecutivus@consecutivus.org

COSMOETHOS – ASSOCIAÇÃO INTERNACIONAL
DE COSMOETICOLOGIA
Fundação: 03.10.2015
Sede: Av. Felipe Wandscheer, 6.200, sala 104
Cognópolis, Foz do Iguaçu, PR, Brasil, CEP: 85856-850
Telefone: +55 (45) 99927-0880

Site: www.cosmoethos.org.br
Contato: contato@cosmoethos.org.br

ECTOLAB – ASSOCIAÇÃO INTERNACIONAL DE PESQUISA LABORATORIAL EM ECTOPLASMIA E PARACIRURGIA
Fundação: 14.07.2013
Sede: Rua da Cosmoética, 1.635
Cognópolis, Foz do Iguaçu, PR, Brasil, CEP: 85853-852
Telefone: +55 (45) 2102-1427; +55 (45) 99101-1407
Site: www.ectolab.org
Contato: ectolab@ectolab.org

EDITARES – ASSOCIAÇÃO INTERNACIONAL EDITARES
Fundação: 23.10.2004
Sede: Av. Felipe Wandscheer, 6.200, sala 100D
Cognópolis, Foz do Iguaçu, PR, Brasil, CEP: 85856-850
Tel.: +55 (45) 99133-2818
Site: www.editares.org
Contato: editares@editares.org

ENCYCLOSSAPIENS – ASSOCIAÇÃO INTERNACIONAL DE ENCICLOPEDIOLOGIA CONSCIENCIOLÓGICA
Fundação: 21.12.2013
Sede: Rua da Cosmoética, 1.635
Cognópolis, Foz do Iguaçu, PR, Brasil, CEP: 85856-852
Tel.: +55 (45) 2102-1499
Site: www.encyclossapiens.org
Contato: contato@encyclossapiens.org

EVOLUCIN – ASSOCIAÇÃO INTERNACIONAL DE CONSCIENCIOLOGIA PARA INFÂNCIA
Fundação: 29.07.2006
Sede: Av. Felipe Wandscheer, 6.200, prédio Evolucin,
Cognópolis, Foz do Iguaçu, PR, Brasil, CEP: 85856-850
Tel.: +55 (45) 99121-4343
Site: www.evolucin.org.br

Contato: contato@evolucin.org.br

IC TENEPES – ASSOCIAÇÃO INTERNACIONAL DE TENEPESSOLOGIA

Fundação: 11.06.2016

Sede: Av. Felipe Wandscheer, 6.200, sala 205

Cognópolis, Foz do Iguaçu, PR, Brasil, CEP: 85856-850

Tel.: +55 (45) 99131-2855

Site: www.ictenepes.org

IIPC – INSTITUTO INTERNACIONAL DE PROJECIOLOGIA E CONSCIENCIOLOGIA

Fundação: 16.01.1988

Sede: Av. Felipe Wandscheer, 6.200, sala 103

Cognópolis, Foz do Iguaçu, PR, Brasil, CEP: 85856-850

Tel.: +55 (45) 2102-1448

Site: www.iipc.org.br

Contato: iipc@iipc.org.br

Campus de Pesquisas IIPC: Estrada do Universalismo, 1.177

Sampaio Correa, Saquarema, RJ, Brasil, CEP: 28997-970

Tel.: +55 (22) 2654-1186

Contato: campus@iipc.org

INTERCAMPI – ASSOCIAÇÃO INTERNACIONAL DOS *CAMPI* DE PESQUISAS DA CONSCIENCIOLOGIA

Fundação: 23.07.2005

Sede: Av. Antonio Basílio, 3006, sala 901

Lagoa Nova, Natal, RN, Brasil, CEP: 59056-901

Tel.: +55 (84) 3211-3126; +55 (84) 99168-2066

Site: www.intercampi.org

Contato: intercampi@intercampi.org

INTERPARES – ASSOCIAÇÃO INTERNACIONAL DE APORTES INTERASSISTENCIAIS

Fundação: 15.05.2016

Sede: Rua da Cosmoética, 1.635, sala 11

Cognópolis, Foz do Iguaçu, PR, Brasil, CEP: 85856-852

Tel.: +55 (45) 99124-7681

Site: www.interpares.org.br

Contato: interpares@interpares.org.br

JURISCONS – ASSOCIAÇÃO INTERNACIONAL DE PARADIREITOLOGIA

Fundação: 25.04.2015

Sede: Av. Felipe Wandscheer, 6.200, sala 350-A

Cognópolis, Foz do Iguaçu, PR, Brasil, CEP: 85856-850

Site: www.juriscons.org

Contato: juriscons@juriscons.org

LIDERARE – ASSOCIAÇÃO INTERNACIONAL DE LIDEROLOGIA INTERASSISTENCIAL

Fundação: 01.05.2021

Site: www.liderare.org

Contato: contato@liderologia.org

OIC – ORGANIZAÇÃO INTERNACIONAL DE CONSCIENCIOTERAPIA

Fundação: 06.09.2003

Campus: Av. Felipe Wandscheer, 6.945

Cognópolis, Foz do Iguaçu, PR, Brasil, CEP: 85856-850

Tel.: +55 (45) 3025-1404; +55 (45) 9-9992-1664

Site: www.oic.org.br

Contato: aco@oic.org.br

ORTHOCOGNITIVUS – ASSOCIAÇÃO INTERNACIONAL PARA IMPLANTAÇÃO DA COGNÓPOLIS SC

Fundação: 18.05.2018

Av. Marechal Castelo Branco, 65, Sala 1.111, torre B

Edifício Kennedy Towers

Bairro Campinas, São José, SC, Brasil, CEP: 88101-020

Telefone: +55 (48) 99845-9931

Site: www.orthocognitivus.org

Contato: contato@orthocognitivus.org

REAPRENDENTIA – ASSOCIAÇÃO INTERNACIONAL DE PARAPEDAGOGIA E REEDUCAÇÃO CONSCIENCIAL
Fundação: 21.10.2007
Sede: Av. Felipe Wandscheer, 6.560
Cognópolis, Foz do Iguaçu, PR, Brasil, CEP: 85856-850
Centro, Foz do Iguaçu, PR, Brasil
Tel.: +55 (45) 99833-9769
Site: www.reaprendentia.org
Contato: contato@reaprendentia.org

UNICIN – UNIÃO DAS INSTITUIÇÕES CONSCIENCIOCÊNTRICAS INTERNACIONAIS
Fundação: 22.01.2005
Sede: Av. Felipe Wandscheer, 6.200, salas 201 a 203
Cognópolis, Foz do Iguaçu, PR, Brasil, CEP: 85856-850
Tel.: +55 (45) 2102-1405
Site: www.unicin.org
Contato: unicin@unicin.org

UNIESCON – UNIÃO INTERNACIONAL DE ESCRITORES DA CONSCIENCIOLOGIA
Fundação: 23.11.2008
Sede: Rua da Cosmoética, 1.635
Cognópolis, Foz do Iguaçu, PR, Brasil, CEP: 85856-852
Tel.: +55 (45) 2102-1499
Site: www.uniescon.org
Contato: uniescon.ccci@gmail.com

Títulos Publicados pela Editares

Autores	Títulos (em Português)
Adriana Kauati	SÍNDROME DO IMPOSTOR
Adriana Kauati, Eliana Manfroi, Nina Rosa Manfroi (Orgs.)	MANUAL DE LEITURA LÚCIDA
Adriana Lopes	SENSOS EVOLUTIVOS E CONTRASSENSOS REGRESSIVOS
Alessandra Nascimento e Felix Wong (Orgs.)	CONSCIENCIOLOGIA É NOTÍCIA: PROJECIOLOGIA
Alexandre Nonato	JK E OS BASTIDORES DA CONSTRUÇÃO DE BRASÍLIA
Alexandre Nonato *et al.*	ACOPLAMENTO ENERGÉTICO
	INVERSÃO EXISTENCIAL
Alexandre Zaslavsky (Editor)	INTERPARADIGMAS 1 – Princípio da Descrença
	INTERPARADIGMAS 2 – Parapercepciologia
	INTERPARADIGMAS 3 – Pesquisa da Autoconsciência
	INTERPARADIGMAS 4 – Diálogos Interparadigmáticos
	INTERPARADIGMAS 5 – Precursores Interparadigmáticos
	INTERPARADIGMAS 6 – O Paradigma Consciencial e Outros
	Paradigmas de Pesquisa da Consciência
	INTERPARADIGMAS 7 – Transição Autoparadigmática
Aline Niemeyer	MEGAPENSENES TRIVOCABULARES DA INTERASSISTENCIALIDADE
	PENSATAS SOBRE RECICLAGENS INTRACONSCIENCIAIS
Aline Niemeyer e Lilian Zolet	TÉCNICAS BIOENERGÉTICAS PARA CRIANÇAS
Almir Justi, Amin Lascani e Dayane Rossa	COMPETÊNCIAS PARAPSÍQUICAS

Autores	Títulos (em Português)
Alzemiro Rufino de Matos	VIDA: OPORTUNIDADE DE APRENDER
Alzira Gezing	INTENÇÃO
Ana Cláudia Prado, Elizabeth Rodrigues, Izabel Conceição, Rosemere Vitoriano (Orgs.)	TÉCNICA DE MAIS 1 ANO DE VIDA INTRAFÍSICA
Ana Luiza Rezende *et. al.*	MANUAL DO *ECP2*
Ana Seno	COMUNICAÇÃO EVOLUTIVA
Ana Seno e Eliane Stédile (Orgs.)	*SERENARIUM*
Ana Seno (Editora)	REVISTA SCRIPTOR 10
Anália Rosário Lopes, Myriam Sanchez e Rita Sawaya	DICIONÁRIO DE TECAS DA HOLOTECOLOGIA
Antonio Fontenele	DECISÕES EVOLUTIVAS
Antonio Pitaguari e Marina Thomaz	REDAÇÃO E ESTILÍSTICA CONSCIENCIOLÓGICA
Arlindo Alcadipani	ITINERÁRIO EVOLUTIVO DE UM RECICLANTE
Bárbara Ceotto	DIÁRIO DE AUTOCURA
Beatriz Tenius e Tatiana Lopes	AUTOPESQUISA CONSCIENCIOLÓGICA
Caio Polizel (Org.)	DIRETRIZES DA AUTOGESTÃO EXISTENCIAL
Cesar Cordioli	CALEPINO CONSCIENCIOLÓGICO
	CONSCIENCIOLOGIA: BREVE INTRODUÇÃO À CIÊNCIA DA CONSCIÊNCIA
Cesar Machado	ANTIVITIMIZAÇÃO
	PROATIVIDADE EVOLUTIVA
Cesar Machado e Stéfani Sabetzki	HUMANIZAÇÃO PARAPSÍQUICA NA UTI
Cirleine Couto	CONTRAPONTOS DO PARAPSIQUISMO
	INTELIGÊNCIA EVOLUTIVA COTIDIANA

Autores	Títulos (em Português)
Christovão Peres	VOLICIOTERAPIA: VONTADE APLICADA À CONSCIENCIOTERAPIA
Clara Emilie Vieira	ESCOLHAS EVOLUTIVAS
Dalva Morem	SEMPRE É TEMPO
Dayane Rossa	OPORTUNIDADE DE VIVER
	MEGATRAFOR: ESTUDO DO MAIOR TALENTO CONSCIENCIAL SOB A ÓTICA DA MULTIEXISTENCIALIDADE
Débora Klippel	O PEQUENO PESQUISADOR: MULTIDIMENSIONALIDADE
	O PEQUENO PESQUISADOR: AUTOPESQUISA DE VIDAS PASSADAS
Denise Paro e Nara Oliveira (Editoras)	REVISTA HOLOTECOLOGIA N. 3
Dulce Daou	AUTOCONSCIÊNCIA E MULTIDIMENSIONALIDADE
	VONTADE: CONSCIÊNCIA INTEIRA
Eduardo Martins	HIGIENE CONSCIENCIAL
Eliana Manfroi	ANTIDESPERDÍCIO CONSCIENCIAL
Ermânia Ribeiro	DIÁRIO DE EXPERIÊNCIAS COGNOPOLITANAS
Ernani Brito, Rosemary Salles e Sandra Tornieri (Orgs.)	LIVRO DOS CREDORES GRUPOCÁRMICOS
Eucárdio de Rosso (Org.)	COSMOETICOLOGIA
Everaldo Bergonzini e Lilian Zolet	CONVIVIALIDADE SADIA
Fernanda Schroeder e Nilse Oliveira (Orgs.)	CONSCIENTIA VOL. 25, N. 1
	CONSCIENTIA VOL. 25, N. 2
	CONSCIENTIA VOL. 25, N. 3
Fernando R. Sivelli e Marineide C. Gregório	AUTOEXPERIMENTOGRAFIA PROJECIOLÓGICA
Flávio Amado (Org.)	TEÁTICAS DA TENEPES

Autores	Títulos (em Português)
Flávio Buononato	ANUÁRIO DA CONSCIENCIOLOGIA 2012
	ANUÁRIO DA CONSCIENCIOLOGIA 2013
	ANUÁRIO DA CONSCIENCIOLOGIA 2014
	FATOS E PARAFATOS DA COGNÓPOLIS FOZ DO IGUAÇU
Flávio Monteiro e Pedro Marcelino	*CONS:* COMPREENDENDO NOSSA EVOLUÇÃO
Gabriel Lara Weigert	AUTOCONFIANÇA PARAPSÍQUICA
Giuliana Costa	AUTOBIOGRAFIA DE UMA PERSONALIDADE CONSECUTIVA
Graça Razera	HIPERATIVIDADE EFICAZ
Guilherme Kunz	MANUAL DO MATERPENSENE
Ione Rosa	ACERTOS GRUPOCÁRMICOS
Isabel Manfroi	O EMPREENDEDORISMO REURBANIZADOR: DE HÉRCULES GALLÓ E WALDO VIEIRA
Jacqueline Nahas e Pedro Fernandes (Orgs.)	*HOMO LEXICOGRAPHUS*
Jayme Pereira	BÁRBARAH VAI À ESTRELA
	PRINCÍPIOS DO ESTADO MUNDIAL COSMOÉTICO
João Aurélio e Katia Arakaki	COGNÓPOLIS FOZ: UM LUGAR PARA SE VIVER
João Paulo Costa e Dayane Rossa	MANUAL DA CONSCIN-COBAIA
João Ricardo Schneider	HISTÓRIA DO PARAPSIQUISMO
Jovilde Montagna	VIVÊNCIAS PARAPSÍQUICAS DE UMA PEDIATRA
Julieta Mendonça	MANUAL DO TEXTO DISSERTATIVO

Autores	Títulos (em Português)
Julio Almeida	QUALIFICAÇÃO ASSISTENCIAL
	QUALIFICAÇÃO AUTORAL
	QUALIFICAÇÕES DA CONSCIÊNCIA
Kátia Arakaki	ANTIBAGULHISMO ENERGÉTICO: MANUAL
	OTIMIZAÇÕES PRÉ-TENEPES
	VIAGENS INTERNACIONAIS
Kátia Arakaki (Org.)	AUTOFIEX: TÉCNICA DO OFIEXISTA WALDO VIEIRA
Kátia Arakaki e Tony Musskopf	INTERCÂMBIO N. 2
Lane Galdino	MANUAL DE ASSESSORIA JURÍDICA EM INSTITUIÇÕES CONSCIENCIOCÊNTRICAS (ICs)
Lane Galdino (Org.)	MANUAL DE PUBLICAÇÕES DA EDITARES
Laura Sánchez	LASTANOSA: MEMÓRIA E HISTÓRIA DO INTELECTUAL E HOLOTECÁRIO DO SÉCULO XVII
Lilian Zolet	PARAPSIQUISMO NA INFÂNCIA
Lilian Zolet e Flavio Buononato	MANUAL DO *ACOPLAMENTARIUM*
Lilian Zolet e Guilherme Kunz (Orgs.)	*ACOPLAMENTARIUM:* PRIMEIRA DÉCADA
Lourdes Pinheiro e Felipe Araújo	DICIONÁRIO DE VERBOS CONJUGADOS DA LÍNGUA PORTUGUESA
Luciana Lavôr (Org.)	I NOITE DE GALA MNEMÔNICA: HISTÓRIA ILUSTRADA
Luciano Vicenzi	CORAGEM PARA EVOLUIR
Lucy Lutfi	VOLTEI PARA CONTAR
Luiz Bonassi	PARADOXOS

Autores	Títulos (em Português)
Mabel Teles	PROFILAXIA DAS MANIPULAÇÕES CONSCIENCIAIS
	ZÉFIRO: A PARAIDENTIDADE INTERMISSIVA DE WALDO VIEIRA
Málu Balona	AUTOCURA ATRAVÉS DA RECONCILIAÇÃO
	SÍNDROME DO ESTRANGEIRO
Marcelo da Luz	ONDE A RELIGIÃO TERMINA?
Maria Helena Lagrota	MINHAS QUATRO ESTAÇÕES
Maria Tereza Bolzan	ENERGIAS: VOCÊ PERCEBE, UTILIZA E DOA DE MODO EFICAZ?
Maria Thereza Lacerda	A PEDRA DO CAMINHO
Marilza de Andrade	PROJEÇÕES ASSISTENCIAIS
Marina Thomaz e Antonio Pitaguari (Orgs.)	TENEPES: ASSISTÊNCIA INTERDIMENSIONAL LÚCIDA
Marlene Koller	DA CONSCIÊNCIA REBELDE À HOLOCONVIVIALIDADE PACÍFICA
Marta Ramiro	MANUAL DA TÉCNICA DA RECÉXIS
Maximiliano Haymann	PRESCRIÇÕES PARA O AUTODESASSÉDIO
	SÍNDROME DO OSTRACISMO
Miriam Kunz	ANTROPOZOOCONVIVIOLOGIA
Moacir Gonçalves e Rosemary Salles	DINÂMICAS PARAPSÍQUICAS
Neida Cardozo	SÍNDROME DA DISPERSÃO CONSCIENCIAL
Oswaldo Vernet	DESCRENCIOGRAMA: FUNDAMENTAÇÃO E TEÁTICA
Paulo Mello	EVOLUTIVIDADE PLANEJADA
Pedro Fernandes	SERIEXOLOGIA: EVOLUÇÃO MULTIEXISTENCIAL LÚCIDA
Phelipe Mansur	EMPREENDEDORISMO EVOLUTIVO
Raquel Medeiros	EU SEI CRIAR... ESTRELAS: APRENDENDO O ESTADO VIBRACIONAL

Autores	Títulos (em Português)
Reinalda Fritzen	CAMINHOS DE AUTOSSUPERAÇÃO
Ricardo Rezende	LUCIDEZ CONSCIENCIAL
	VOLUNTARIADO CONSCIENCIOLÓGICO INTERASSISTENCIAL
Roberto Leimig	VIDAS DE NATURALISTA
Rodrigo Medeiros	CLARIVIDÊNCIA
Rosa Nader	AUTODESREPRESSÃO: REFLEXÕES CONSCIENCIOLÓGICAS
Rosa Nader (Org.)	MANUAL DE VERBETOGRAFIA
Roseli Oliveira	DICIONÁRIO DE EUFEMISMOS DA LÍNGUA PORTUGUESA
Rosemary Salles	CONSCIÊNCIA EM REVOLUÇÃO
Sandra Tornieri	MAPEAMENTO DA SINALÉTICA ENERGÉTICA PARAPSÍQUICA
Selma Prata	O CÉREBRO ENVELHECE E O PARACÉREBRO ENRIQUECE
Silda Dries	TEORIA E PRÁTICA DA EXPERIÊNCIA FORA DO CORPO
Silvia Facury	VIVA A VIDA: SUPERE SEUS MEDOS E ENTENDA A CONTINUIDADE EVOLUTIVA
Sissi Prado Lopes (Ed.)	CONSCIENTIOTHERAPIA
Tathiana Mota	CURSO INTERMISSIVO
Tatiana Lopes	DESENVOLVIMENTO DA PROJETABILIDADE LÚCIDA
Tony Musskopf	AUTENTICIDADE CONSCIENCIAL
Ulisses Schlosser	DICIONÁRIO NEOLÓGICO DE PARAFENOMENOLOGIA
Vera Hoffmann	SEM MEDO DA MORTE
Vera Tanuri	PERDÃO: OPÇÃO COSMOÉTICA DE SEGUIR EM FRENTE
Victor Strate Bolfe	ESTADO VIBRACIONAL: VIVÊNCIA E AUTOQUALIFICAÇÃO

Autores	Títulos (em Português)
Wagner Alegretti	RETROCOGNIÇÕES: PESQUISA DA MEMÓRIA DE VIDAS PASSADAS
Wagner Strachicini	CONSCIÊNCIA ANTIDOGMÁTICA
Waldo Vieira	100 TESTES DA CONSCIENCIOMETRIA
	CRISTO ESPERA POR TI (Edição comentada)
	200 TEÁTICAS DA CONSCIENCIO-LOGIA
	500 VERBETÓGRAFOS DA *ENCICLO-PÉDIA DA CONSCIENCIOLOGIA*
	700 EXPERIMENTOS DA CONSCIEN-CIOLOGIA
	A NATUREZA ENSINA
	CONSCIENCIOGRAMA
	DICIONÁRIO DE ARGUMENTOS DA CONSCIENCIOLOGIA
	DICIONÁRIO DE NEOLOGISMOS DA CONSCIENCIOLOGIA
	HOMO SAPIENS PACIFICUS
	HOMO SAPIENS REURBANISATUS
	LÉXICO DE ORTOPENSATAS
	MANUAL DA DUPLA EVOLUTIVA
	MANUAL DA PROÉXIS
	MANUAL DA TENEPES
	MANUAL DE REDAÇÃO DA CONSCIENCIOLOGIA
	MANUAL DOS MEGAPENSENES TRI-VOCABULARES
	MÁXIMAS DA CONSCIENCIOLOGIA
	MINIDEFINIÇÕES CONSCIENCIAIS
	NOSSA EVOLUÇÃO
	O QUE É A CONSCIENCIOLOGIA
	PROJECIOLOGIA: PANORAMA DAS EXPERIÊNCIAS DA CONSCIÊNCIA FORA DO CORPO HUMANO
	PROJEÇÕES DA CONSCIÊNCIA
	TEMAS DA CONSCIENCIOLOGIA

Autores	Títulos (em Português)
Waldo Vieira *et al.*	ENCICLOPÉDIA DA CONSCIENCIO-LOGIA

Autores	Títulos (em Inglês)
Alessandra Nascimento e Felix Wong (Orgs.)	*CONSCIENTIOLOGY IS NEWS: PROJECTIOLOGY*
Cesar Machado	*ANTIVICTIMIZATION*
Débora Klippel	*THE LITTLE RESEARCHER: MULTIDIMENSIONALITY*
Eduardo Martins	*CONSCIENTIAL HYGIENE*
Eliana Manfroi	*CONSCIENTIAL ANTIWASTAGE*
Eliane Wojslaw *et. al.*	*THE ENGLISH-PORTUGUESE GLOSSARY OF ESSENTIAL CONSCIENTIOLOGY TERMS*
Flávio Monteiro e Pedro Marcelino	*CONS: UNDERSTANDING OUR EVOLUTION*
Giuliana Costa	*AUTOBIOGRAPHY OF A CONSECUTIVE PERSONALITY: THROUGH THE LENS OF THE CONSCIENTIAL PARADIGM*
Jaime Pereira	*BARBARAH VISITS A STAR*
Lilian Zolet	*PARAPSYCHISM IN CHILDHOOD: QUESTIONS AND ANSWERS*
Mabel Teles	*ZEPHYRUS: THE INTERMISSIVE PARAIDENTITY OF WALDO VIEIRA*
Marcelo da Luz	*WHERE DOES RELIGION END?*
Tathiana Mota	*INTERMISSIVE COURSE*
Waldo Vieira	*700 CONSCIENTIOLOGY EXPERIMENTS*
	CONSCIENTIOGRAM
	OUR EVOLUTION
	PENTA MANUAL
	PROEXIS MANUAL
	PROJECTIOLOGY: A PANORAMA OF EXPERIENCES OF THE CONSCIOUSNESS OUTSIDE THE HUMAN BODY

Autores	Títulos (em Inglês)
Waldo Vieira	*PROJECTIONS OF THE CONSCIOUSNESS*

Autores	Títulos (em Espanhol)
Alessandra Nascimento e Felix Wong (Orgs.)	*CONCIENCIOLOGÍA ES NOTICIA: UNA DÉCADA DE ENTREVISTAS EN LA SUPER RADIO TUPI, TEMA – PROYECCIOLOGÍA*
Ana Seno e Maria Cristina Nievas (Orgs).	*GLOSARIO ESPAÑOL-PORTUGUÉS DE TÉRMINOS ESENCIALES DE LA CONCIENCIOLOGÍA*
Cesar Cordioli	*CONCIENCIOLOGÍA: BREVE INTRODUCCIÓN A LA CIENCIA DE LA CONCIENCIA*
Glória Thiago	*VIVIENDO EN MÚLTIPLES DIMENSIONES*
Luciano Vicenzi	*CORAJE PARA EVOLUCIONAR*
Málu Balona	*SÍNDROME DEL EXTRANJERO*
Maximiliano Haymann	*SÍNDROME DEL OSTRACISMO*
Miguel Cirera	*EVOLUCIÓN DE LA INTELIGENCIA PARAPSÍQUICA*
Rosemary Salles	*CONCIENCIA EN REVOLUCIÓN*
Waldo Vieira	*CONCIENCIOGRAMA*
	NUESTRA EVOLUCIÓN
	MANUAL DE LA TENEPER
Waldo Vieira	*MANUAL DE LA PROEXIS*
	MANUAL DE LA PAREJA EVOLUTIVA
	PROYECCIONES DE LA CONCIENCIA

Autores	Títulos (em Alemão)
Jayme Pereira	*BARBARAH FLIEGT ZUM STERN*

Autores	Títulos (em Romeno)

Waldo Vieira	*MANUAL DE PENTA*
	MANUAL DE PROEXIS

Site da editora:
www.editares.org.br

Sobre a Autora

Tatiana Lopes, bibliotecária, graduada em Biblioteconomia pela *Universidade Federal de Minas Gerais* (UFMG). Pós-graduada em Gestão Pública (UFPR). Natural de Uberaba, MG. Autora de artigos, livros conscienciológicos e verbetes da *Enciclopédia da Conscienciologia.* Voluntária de *Instituição Conscienciocêntrica* desde o ano 2002.

Publicações da autora (Ano-base: 2022)

ARTIGOS

Nº	Título	Periódico
01	Autaditagem Proexológica	Proexologia, V. 4, N. 4, 2018
02	Autoinventariograma Parapsíquico: Avaliação Autevoluciométrica Parapercepciológica	*Glasnost,* Ano 5, N. 5, 2018
03	Autopesquisa na Análise de Eventos Recorrentes	*Journal of Conscientiology,* V. 10; N. 39, 2008
04	Bastidores da Conscienciografia	*Scriptor,* Ano 9, N. 9, 2019
05	Duplismo Verbetográfico	*Neologus,* V. 2, N. 2, 2019
06	*Efeitos Recinológicos dos Autoexperimentos projetivos*	*Homo Projector,* Vol. 1; N. 1, 2014
07	Etapas do Desenvolvimento da Projetabilidade Lúcida	*Journal of Conscientiology,* V. 11, N. 41-S, 2008
08	Gescon Conscienciológica em Coautoria: Relato de Experiência	*Scriptor,* Ano 10, N. 10, 2020
09	Identificação e Aplicação Lúcida dos Autotrafores na Consecução da Proéxis	Proexologia, V. 1, N. 1, 2015
10	Interação Evolutiva entre Autor e Leitor	*Scriptor,* Ano 8, N. 8, 2018
11	Proposta de Metodologia de Pesquisa Conscienciológica para Eventos Recorrentes	*Conscientia,* V. 14, N. 1, 2010

12	*Técnica da Complementariedade Verbetorado– –Autorado Conscienciológico*	*Scriptor,* Ano 9, N. 9, 2019
13	Verbetologia aplicada à Autopesquisa Consci- enciométrica	*Glasnost,* Ano 3; N. 3, 2016

LIVROS

Nº	Título	Especialidade
1	Autopesquisa Conscienciológica: Práticas e Ferramentas (Coautoria)	Autopesquisologia
2	Desenvolvimento da Projetabilidade Lúcida	Projeciologia

VERBETES

Nº	Título	Especialidade
01	Ampliação Cognitiva Conscienciográfica	Conscienciografologia
02	Ampliação do Acervo de Autocognição	Autocogniciologia
03	Análise de Recorrência	Pesquisologia
04	Análise dos Autorregistros	Autopesquisologia
05	Aplicação Evolutiva das Autoprojeções	Projeciologia
06	Autauditoria Periódica	Autevoluciologia
07	Autexposição Conscienciográfica	Autenfrentamentologia
08	Autoconscienciometria Conscienciográfica	Autopesquisologia
09	Autoinventariograma Parapsíquico	Parapercepciologia
10	Autoqualificação da Defesa de Verbetes	Taristicologia
11	Banalização dos Autotraf*o*res	Traf*o*rologia
12	Bastidores da Conscienciografia	Conscienciografologia
13	Capítulo Introdutório	Comunicologia
14	*Ciclo da Autopesquisa*	Autocogniciologia
15	Cinematografia Heterocompreensiva	Cogniciologia
16	Cinematografia Pesquisística	Pesquisologia
17	Cinematografia Projeciológica	Projeciologia
18	Conscienciografia Libertadora	Conscienciografologia

VERBETES

Nº	Título	ESPECIALIDADE
19	Continuísmo Consciencigráfico	Conscienciografologia
20	Contrapontologia Titulológica	Verbetologia
21	Critério de Prioridade	Autodiscernimentologia
22	Decidometria	Decidologia
23	Desenvolvimento Projetivo	Autoprojeciologia
24	Despertamento do Intermissivista	Autolucidologia
25	Diapasão ortopensênico	Parapercepciologia
26	*Efeito da Aplicação dos Autotrafores*	Traforologia
27	Evocaciologia Conscienciográfica	Interassistenciologia
28	Exotericidade	Taristicologia
29	Filmografia Específica	Conscienciografologia
30	Função do Revisor Conscienciográfico	Conscienciografologia
31	Gancho Temático Intertextual	Conscienciografologia
32	Hipoacuidade Extrafísica	Autolucidologia
33	Identificação do Trafor	Consciencimetrologia
34	Indicador Evoluciométrico	Evoluciologia
35	Indicador Maturológico	Evoluciologia
36	Intelectualidade Interassistencial	Mentalsomatologia
37	Inteligência Resolutiva	Autodiscernimentologia
38	*Interação Autoconsciencimetria-Autodesassedialidade*	Autoconsciencimetrologia
39	*Interação Autopesquisologia-Descrenciologia*	Autexperimentologia
40	*Interação Autor-Leitor*	Comunicologia
41	*Interação Conscienciografia–Recuperação de Cons*	Lucidologia
42	*Interação Energossomaticidade-Projetabilidade*	Projeciologia
43	*Interação Organização Pensênica–Conscienciografia*	Mentalsomatologia
44	*Interação Psicossomaticidade-Projetabilidade*	Projeciologia
45	*Interação Retrospectiva-Prospectiva*	Pesquisologia

VERBETES

Nº	Título	ESPECIALIDADE
46	Jejunice Autopesquisística	Autopesquisologia
47	Leitura Terapêutica	Mentalsomatologia
48	Linha Ideativa da Pesquisa	Pesquisologia
49	Lucidez Extracorpórea	Projeciologia
50	Nível de Projetabilidade	Projeciometrologia
51	Parâmetro de Avaliação	Analiticologia
52	Perspectiva Autopesquisística	Autopesquisologia
53	Pré-Requisito Evolutivo	Evoluciologia
54	Produmetria Conscienciográfica	Conscienciografologia
55	Projeciometria	Projeciologia
56	Projetabilidade Reciclogênica	Autorrecexologia
57	Projetor Jejuno	Projeciologia
58	Projeção Semiconsciente	Projeciologia
59	Público-Leitor Intermissivista	Conscienciografologia
60	Relato Projetivo	Projeciologia
61	Rememoração Projetiva	Projeciologia
62	*Sinergismo Autopesquisa-Conscienciografia*	Mentalsomatologia
63	*Sinergismo Consciencriometrologia-Verbetologia*	Pesquisologia
64	*Sinergismo Verbetorado–Autorado Conscienciológico*	Conscienciografologia
65	Síntese da Autoconsciência	Autocogniciologia
66	Taxologia das Projeções Conscienciais	Projeciologia
67	*Técnica Conscienciográfica*	Conscienciografologia
68	Travão da Autoprojetabilidade	Projeciologia
69	Verbetografofilia	Enciclopediologia
70	Verbetologia Terapêutica	Mentalsomatologia

Levantamento Estatístico da Obra

Pontoações	Itens
163.638	Caracteres
21.108	Palavras
4.206	Linhas
2.188	Parágrafos
124	Páginas
10	Capítulos
212	Citações
26	*E-mails*
60	Enumerações
27	*Websites*
164	Bibliografias
4	Filmografias
1	Videografia
36	Entradas no Índice Remissivo
25	Instituições Conscienciocêntricas

Como referenciar esta obra no formado da Bibliografia Específica Exaustiva (BEE)

Lopes, Tatiana; ***Desenvolvimento Conscienciográfico;*** Editora: Meracilde Daroit; revisores: Ana Seno; *et al.;* 124 p.; 10 caps.; 212 citações; 26 *E-mails;* 60 enus.; 1 foto; 1 minibiografia; 1 pontoação; 27 *websites;* 164 refs.; 4 filmografias; 1 videografia; alf.; 23 x 15,5 cm; br.; *Associação Internacional Editares;* Foz do guaçu, PR; 2022.

1. *Área da Pesquisa:*

Esta obra pesquisa temas da Conscienciografologia, especialidade da Conscienciologia.

2. *Princípio da Descrença:*

Não acredite em nada, nem mesmo nas informações expostas neste livro. Experimente. Tenhas as próprias experiências.

1ª Edição [2022]

Esta obra foi composta no Formato 15,24 x 22,86 cm na tipologia *Adobe Garamond Pro* 12. Títulos *Adobe Garamond Pro* 15 e Destaques *Arial* 16.

Impressa pela *Midiograf* no Papel Offset 90 *gr/m²* (Miolo) e Cartão Triplex 250 *gr/m²* (Capa).

www.ingramcontent.com/pod-product-compliance
Lightning Source LLC
LaVergne TN
LVHW021418220826
846195LV00027B/265

* 9 7 8 6 5 8 6 5 4 4 6 9 5 *